全世界聪明孩子最爱提的

问题

梁剑丽　编著

延边大学出版社

图书在版编目(CIP)数据

全世界聪明孩子最爱提的问题 / 梁剑丽编著. — 延吉:
延边大学出版社,2012.4
ISBN 978-7-5634-4658-2

Ⅰ.①全… Ⅱ.①梁… Ⅲ.①科学知识－青年读物②科学知
识－少年读物 Ⅳ.①Z228.2

中国版本图书馆CIP数据核字(2012)第051660号

全世界聪明孩子最爱提的问题

编　　著：梁剑丽
责　　编：何　方
出版发行：延边大学出版社
社　　址：吉林省延吉市公园路977号　邮编：133002
电　　话：0433－2732435　传真：0433－2732434
网　　址：http://www.ydcbs.com
印　　刷：北京龙跃印务有限公司
开　　本：16K　710×960毫米
印　　张：10印张
字　　数：150千字
版　　次：2012年4月第1版
印　　次：2016年11月第2次印刷
印　　数：1－3000
书　　号：ISBN 978-7-5634-4658-2
定　　价：39.80元

出版说明

　　孩子都是好奇的，面对纷繁复杂的大千世界，他们可能满脑子都是问题：宇宙是何时起源的？什么原因导致了地震的发生？恐龙为何会灭绝？"我"从哪里来？复活节岛上的石像是谁建造的？修建金字塔的巨石从何而来……面对诸如此类的发问和渴求知识的眼神，家长和老师在欣喜之余——那些好奇心强、喜欢提问的孩子通常比同龄人有更出众的观察能力和思考能力，就是我们常说的聪明孩子——也许会有些力不从心，因为要清楚明白地解答这些看似简单的问题，还真不是一件容易的事哩。

　　但如果你手中有一本图文并茂的互动式百科类科普专著，里面汇集了全世界孩子最感兴趣且经常感到困惑的问题，由专家给出通俗易懂的解答，问题是不是就得到完美解决了？没错，你正在阅读的这本《全世界聪明孩子最爱提的问题》正是你聪明的选择。

　　本书由多位知名科普专家联袂执笔撰写，书中的几百个问题涵盖了人体，世界各地，世界奇迹，艺术、运动和娱乐及世界历史五个部分。本书集知识性、科学性和趣味性于一体，相信一经出版，即受到广大读者的喜爱。

　　本书内容包罗万象，其中融合了各个领域中最新的研究成果，以准确生动、通俗易懂的文字形象地诠释每个问题，力求开启孩子的智慧，激发他们强烈的求知欲和探索周围世界的浓厚兴趣。在体例编排上，结合孩子们的知识结构和阅读习惯，打破一般百科书平铺直叙的说教模式，通过提出千奇百怪的问题来引导孩子积极思考，将科学知识寓于趣味问答之中，不仅简洁明晰，且便于随时阅读。在每章节后的"测试时间"栏目中，精选的问题既便于读者检验自己的知识储备和阅读成效，又能起到巩固所学和加深印象的作用。

需要特别指出的是，本书配有多幅精美的彩色插图，其中绝大部分为形象逼真、生动有趣的手绘场景图和示意图等，与正文内容相辅相成，既便于孩子们轻松理解文字内容，又能够提升其审美愉悦和想象空间。

目　录

AROUND THE WORLD

世界各地

WORLD WONDERS

世界奇迹

ARTS,SPORTS & ENTERTAINMENT

艺术、运动和娱乐

WORLD HISTORY

世界历史

THE HUMAN BODY

人 体

　　目前世界上共有60多亿人口，每个人都有其独一无二的特征，然而，每个正常人内部的结构都是一样的。生命最初都只是一个单细胞，人就是从这个单细胞生长发育起来，最后成为一个比电脑还要复杂得多的机体。人体系统永不停歇地运转，即使休息时也是如此。

皮肤是由什么构成的？

舌头如何能品尝到不同的味道？

人体内的血液量是多少？

……

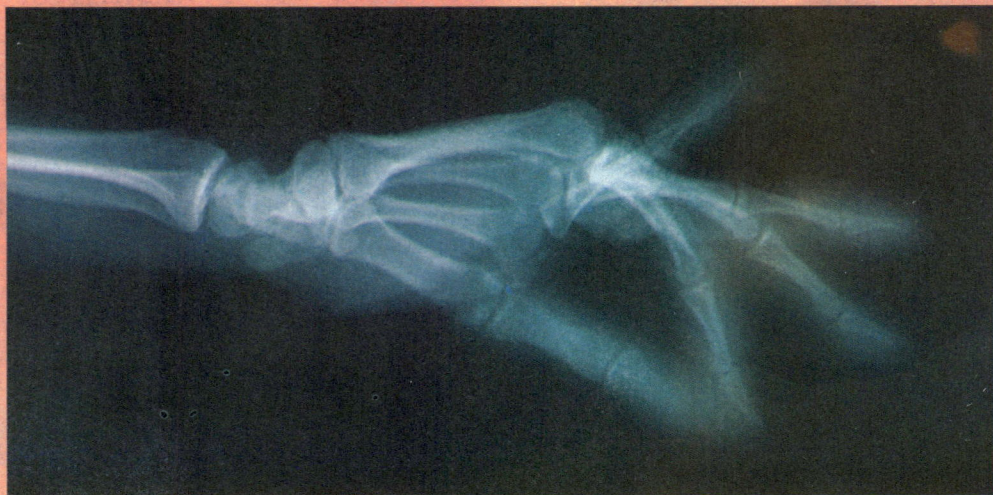

人体探秘

世界上我们最了解的是什么？是我们自己，是我们生活、饮食、思考、悲喜、幻想以及睡眠等的方式，即了解的是人体的特征。目前世界上共有60多亿人口，每一个人都有其独一无二的特征，然而人体的内部构造和运转方式都是一样的。

我们如何了解人体？

每一年，现代医学都利用数百种复杂的仪器来测试和探寻人体的更多奥秘。这些仪器包括扫描仪、显微镜和电子监控器等。扫描仪和X射线仪可以看到人体内部，对血液和其他人体部位做的化学测试可以显示其中所含的物质，显微镜可以显示出最小的细胞甚至是基因，

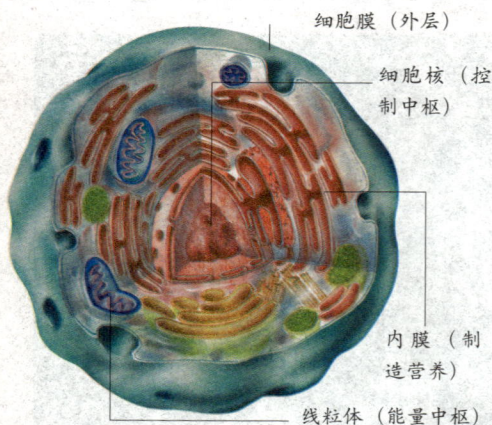

电子仪器，例如心电图和大脑监视器，则可以在纸张或显示屏上显示波形图以便医生进行检查。

什么是器官？

人体器官包括心脏、大脑、胃和肾等，是人体的主要构成部分。人体内最大的器官是肝脏，而整个人体最大的器官为皮肤。几个器官通常会作为一个人体系统通力合作。

什么是人体系统？

人体系统是通力合作完成一系列工作或特定工作的一组器官，它们可以保证人体正常运转。例如，心脏、血管和血液构成循环系统，使血液在全身循环，为

细胞膜（外层）

细胞核（控制中枢）

内膜（制造营养）

线粒体（能量中枢）

肱骨

辐射状的动脉和静脉

桡骨

腕骨

↑典型的人体细胞太小，没有显微镜无法看到。然而，人体细胞中还含有更小的被称为细胞组织的部分。

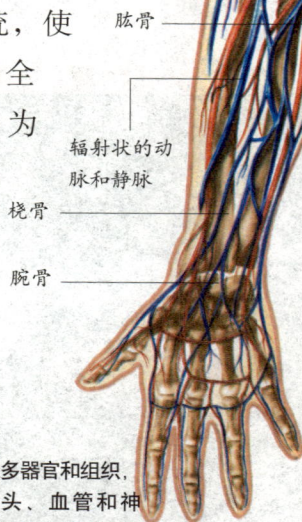

●手臂内有很多器官和组织，其中包括骨头、血管和神经，肌肉和结缔组织则将所有的这些部位连接在一起。

每一个细小的部位提供氧和养料等必需的物质，同时收集排泄的废物。

人体部位可以替换吗？

有些人体部位成功替换后还可以使人行动自如。例如，胯部、膝盖、肩膀、肘关节以及任意一根手指受损后都可用金属或塑料的人造关节替代；破损的骨头可以用板、条和钉加以固定；有些血管可用人造的塑料血管替换；内脏，例如心脏、肺、肝或肾，也可以替换。新的器官通常来自已死亡的人，他们在生前同意捐献器官。

什么是组织？

组织是所有同一种细胞或完成相同工作的细胞的群体或集合。例如，肌肉组织可以收缩促使运动，神经组织可以传输神经信号，而结缔组织可以填充与其他组织之间的缝隙。大部分器官都是由几种不同的组织构成的。

什么是细胞？

细胞是人体最小的有生命的单位。他们像是微小的积木，有着不同的形状和大小，执行不同的任务。一共约有200种细胞，例如神经细胞、肌肉细胞和血细胞，而完整的人体含有500多亿个细胞。

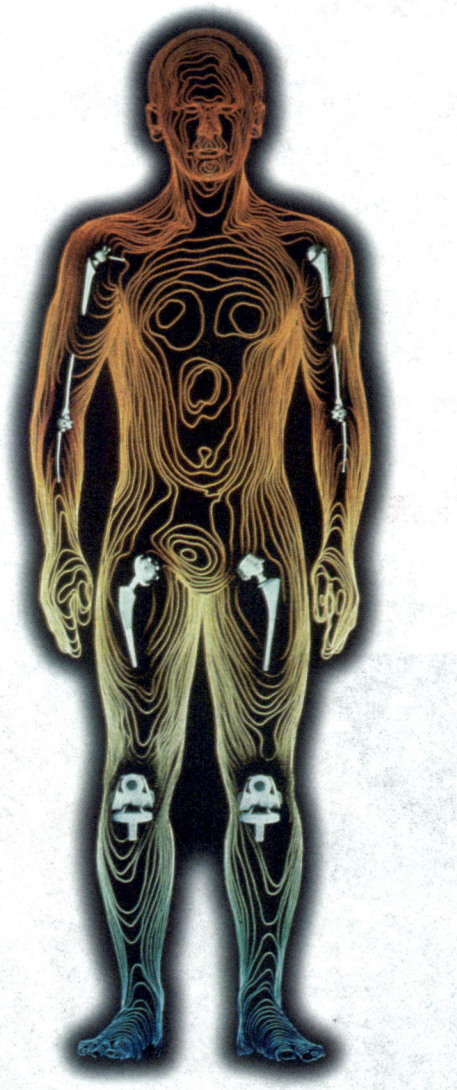

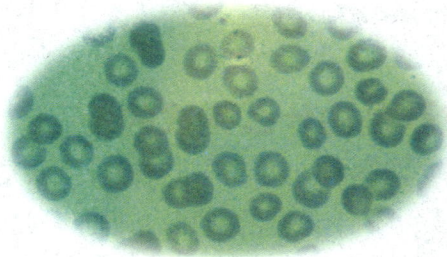

❶有些人体部位，例如骨头和关节，可以由坚韧的塑料、不锈钢或钛制成的人造骨头和关节替换。图中以白色显示的为人造或修复的骨头和关节。

❶在光显微镜下，放大约1 500倍后，红细胞看起来像灰色中心的水滴。

3

皮肤、头发和指甲

观察人体时，你所见到的大部分都是死细胞构成的。皮肤的表层、头发和指甲曾经都是由活细胞构成的，但在日常生活中我们会四处走动、更换衣服、洗澡并用毛巾擦干身体，在这个过程中细胞会逐渐死去，并被摩擦或磨损。人体上可见的真正由活细胞构成的部位为眼睛。

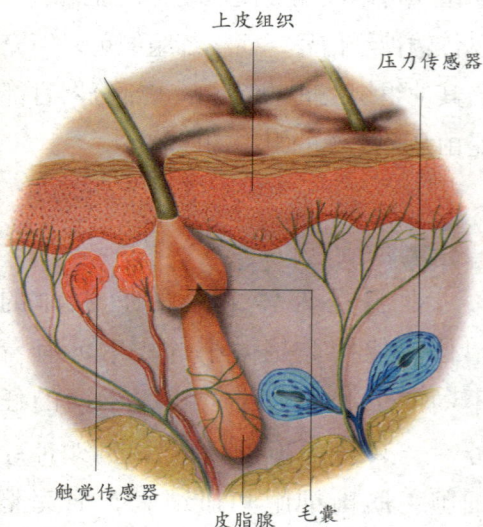

表皮厚，含有数百万个微小的传感器，可以觉察出皮肤上多种不同的触觉。

皮肤会磨损吗？

皮肤会磨损，然而又总会长出新的细胞以替代磨损和被摩擦掉的细胞。表皮底部的微小细胞会不停地产生新的细胞，这些细胞逐渐向上移动，随着表皮细胞死去，其会与粗糙的角蛋白结合形成耐磨损的表皮。整个表皮会逐渐地磨损并替换以新的细胞，大约每4个星期会全部更换一次。

皮肤有多薄？

皮肤大约有0.5～5毫米厚。最薄的皮肤位于眼睑以及身体上其他脆

上皮组织　压力传感器

触觉传感器　皮脂腺　毛囊

⬆表皮是皮肤粗糙的外层，大部分都是由死细胞构成的。下面的真皮含有毛囊、汗腺、细小的血管、弹性蛋白的微纤维和胶原质。

皮肤是由什么构成的？

像身体的其他部位一样，皮肤是由数十亿个微小的细胞构成的。皮肤分两层，即外层的表皮和表皮下方的真皮。表皮较粗糙，耐磨损；真皮比

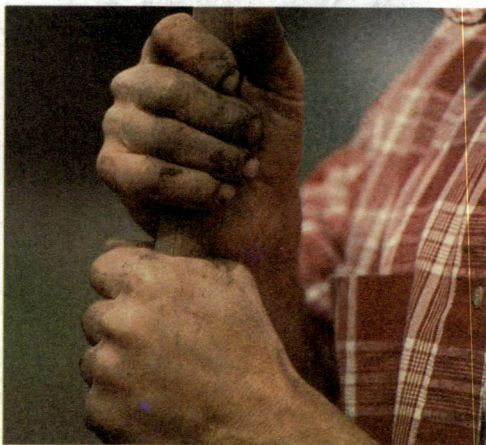

⬆从事繁重的体力劳动时，双手承受的摩擦要远远大于普通劳动，表皮可能会形成老茧（皮肤的硬结组织）以防止出现更多的损伤。

4

弱敏感的部位，最厚的皮肤位于脚后跟——那里的皮肤厚度可达5毫米以上，经常走路和光着脚走路的人其脚后跟的皮肤甚至更厚。脚后跟皮肤增厚是为了适应压力并防止双脚受到更多的损伤。

头发的生长速度有多快？

对大部分人而言，如果不剪头发，四五年后，头发可以长到1米长。头发会自然而然地从毛囊脱落——毛囊是真皮上头发生长的细小凹点，然而脱发并不意味着会变成秃头，这是因为毛囊会迅速长出新的头发。头皮上的毛囊会在不同时间脱发生发，因此大部分人都会长出足够多的头发。

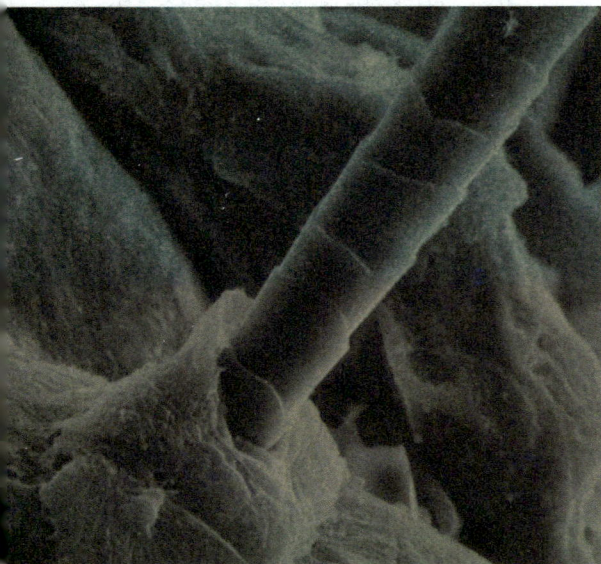

指半月

甲基质

指骨

指甲根部

❶指甲的根部位于皮肤下方，并沿着甲基质生长——甲基质是位于指甲下方的皮肤。灰色的新月形的区域被称为指半月或"小月亮"。

为什么我们会长有指甲？

指甲是指尖外侧形成的坚硬外层。指甲可以防止灵活的指尖过于弯曲，从而能够轻而易举且毫无损伤地感受、按压或捡起细小物品。指甲从根部生长，根部位于皮肤下方，沿着手指缓慢向外生长。

人们为什么会长有不同颜色的头发？

头发颜色取决于父母的遗传基因。头发和皮肤的颜色都是由天然色素决定的，这种天然色素存在于表皮底部的黑色素细胞。某些人的黑色素细胞更为活跃，会生成更多的黑色素，因而皮肤较为暗沉，通常情况下头发也比较黑。

❶只有毛囊底部的头发才是活跃和可以生长的，长出皮肤外的头发其实已经"死"去，是由紧密粘在一起的扁平细胞构成的。

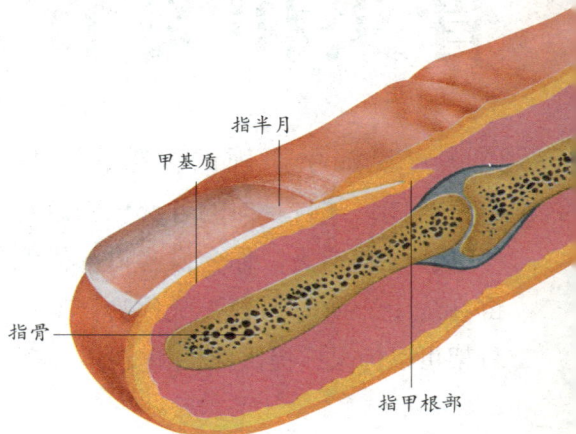

骨头和关节

骨头可以提供坚固的框架，支撑整个身体，并将身体的各部位固定在一起。没有骨头，你会像水母一样瘫倒在地上。所有的骨头统称为骨架，骨架可以为人体提供保护和支撑。

骨头有什么用途？

骨头在人体内部形成一个骨

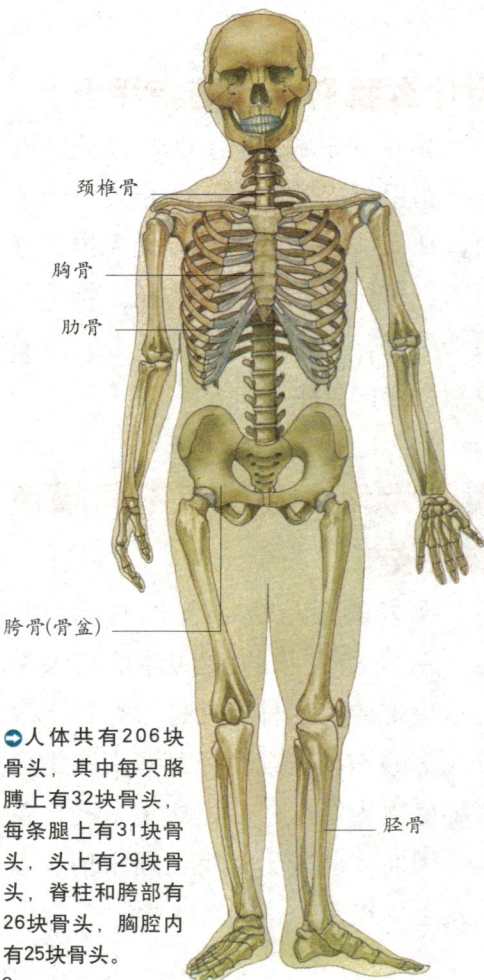

➡头骨由22块骨头组成（其中包括下颚），它们通过名为骨缝的关节连接在一起。图中隐约可见的波形线条便是骨缝。

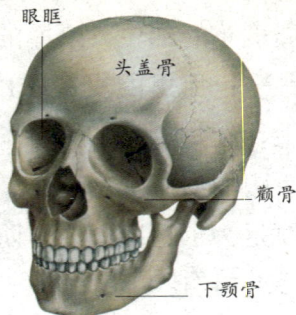

眼眶

头盖骨

颧骨

下颚骨

架，而骨架使人体可以直立起来，使四肢强壮有力，并保护很多内部器官。手臂和腿上的长骨头可用做坚硬的杠杆，因而当肌肉拉动骨头时，骨头会推、抬或做出其他动作。头骨在脆弱的大脑外会形成一个坚硬的外壳，而脊椎、肋骨和胸骨则在心脏和肺部周围形成强有力的笼状物。

骨头内部是什么？

一般的骨头分3层，它们都是由胶原质、矿物质和骨髓构成的。骨头外面是一层压缩的外壳或称硬骨层，其中含有矿物质的晶体。例如，钙和

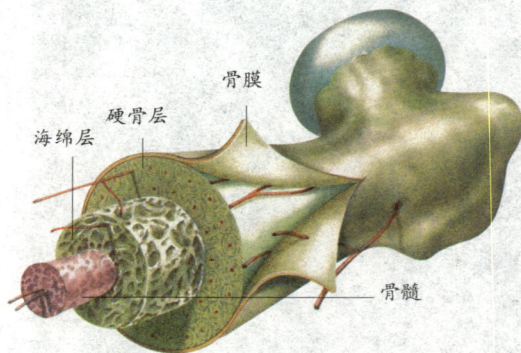

颈椎骨

胸骨

肋骨

胯骨(骨盆)

➡人体共有206块骨头，其中每只胳膊上有32块骨头，每条腿上有31块骨头，头上有29块骨头，脊柱和胯部有26块骨头，胸腔内有25块骨头。

胫骨

骨膜

硬骨层

海绵层

骨髓

➊一般而言，骨头由一个坚硬的外层、一个海绵状且类似蜂巢的中间层、中心的骨髓以及细小的血管和神经组成。

磷酸盐能增加骨头的硬度，胶原质纤维则可使骨头在压力下发生轻微的弯曲。中间一层为海绵状或网状的骨头，像蜂巢一样有细小的空间。在骨头中心，果冻似的骨髓能生成新的血液细胞。

骨折后骨头会发生什么？

骨头会立即开始自我修复！骨头是由活组织构成的，一旦骨头错位的部分由医生移回原位，名叫造骨细胞的微小细胞会开始生成新的骨头，从而将折断的地方缝合。几个月后，骨头会修复如初。

有很多不同种类的关节吗？

是的，有很多不同种类的关节，例如滑膜关节（利于运动）和接缝的关节（不利于运动）。滑膜关节存在

于全身，尤其在肩、肘、胯和膝盖处，可完成不同种类的运动，而运动的类型取决于关节自身的构造。肘关节和胯关节是铰链关节，只允许做来回运动。肩膀和胯部是球窝活节，具有更高的柔韧性，可做扭转的动作。

滑膜关节内是什么模样？

在滑膜关节内，骨头末端覆盖着一层光滑的物质——油样的滑膜液，该液体是由关节外的袋形覆盖物即滑膜囊生成的，可以滋润软骨，使运动更为流畅，消除任何摩擦和损耗。韧带是将骨头和关节固定在一起的由强韧组织构成的带状组织，可防止骨头移动过远的距离或发生脱节。

骨头会随着年龄变化吗？

会。和成年人相比，婴儿的骨头更加柔软，韧性也更好。受到压力时，儿童的骨头更易弯曲，而非骨折，这对他们很有益，因为他们容易摔倒或磕碰到。婴儿的骨架中含有340块以上的骨头，而成年人只有206块骨头，随着人的成长，某些骨头会和其他骨头融合形成一块骨头。20～45岁之间，所有的骨头都得到充分发育，并处于最强韧的时候。这之后，骨头开始变得僵硬而脆弱，因而不易弯曲，容易发生骨折。

➡韧带在膝关节外交错分布，从而将之牢牢固定在原位。

⬇在肩膀上，上臂骨的球形末端与肩胛骨和锁骨形成的杯型窝接合到一起。

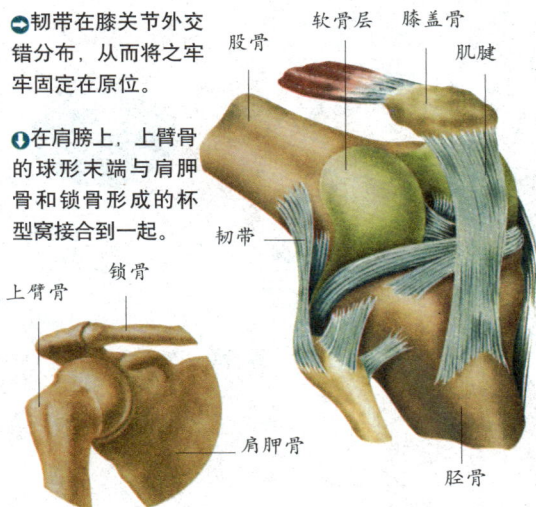

软骨层　膝盖骨
股骨
肌腱
韧带
上臂骨
锁骨
肩胛骨
胫骨

肌肉和运动

每一个动作、每一口呼吸、每一次咀嚼——所有这些动作和行为都是由人体的肌肉完成的。一块肌肉只能做一个动作，即通过收缩带动身体部位运动，然而通过精准的合作，人体的数百块肌肉每天可协作完成数千个不同的动作。

人体有多少块肌肉？

人体约有640块肌肉。最大的肌肉位于躯干、胯部、肩膀和大腿，移动时，你会发现这些肌肉从皮肤下凸出来。与之相比，某些肌肉则要小得多，例如每一个眼球后都有6块丝带形的肌肉，因而眼球可以旋转着观察四周。

肌肉会做"推"的动作吗？

不会，肌肉只会拉动或收缩。

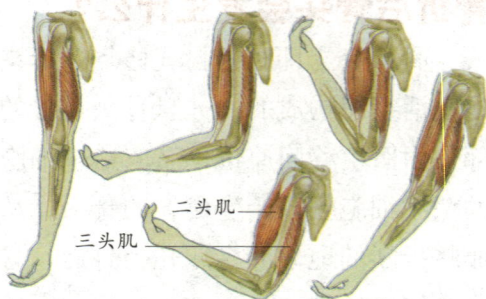

🔹大部分肌肉都按相反或相对的方式两两排列在一起，从而像上臂的二头肌和三头肌一样依次拉动骨头。

二头肌
三头肌

🔹肌肉内有很多束纤维，每一束纤维有人的头发那么粗。每一根肌肉纤维都由更为细小的肌原纤维构成，而肌原纤维中含有肌动蛋白和肌球蛋白两种物质构成的丝状物。这些肌肉纤维彼此紧密排列，使肌肉更为致密。

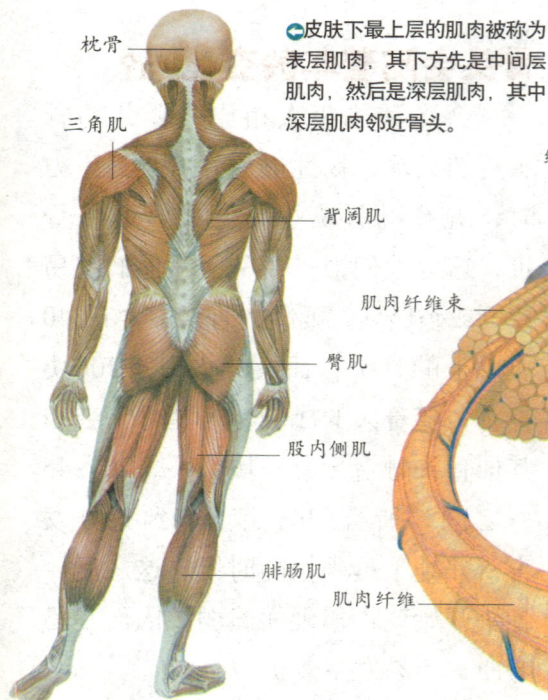

➡️皮肤下最上层的肌肉被称为表层肌肉，其下方先是中间层肌肉，然后是深层肌肉，其中深层肌肉邻近骨头。

枕骨
三角肌
背阔肌
肌肉纤维束
臀肌
股内侧肌
腓肠肌

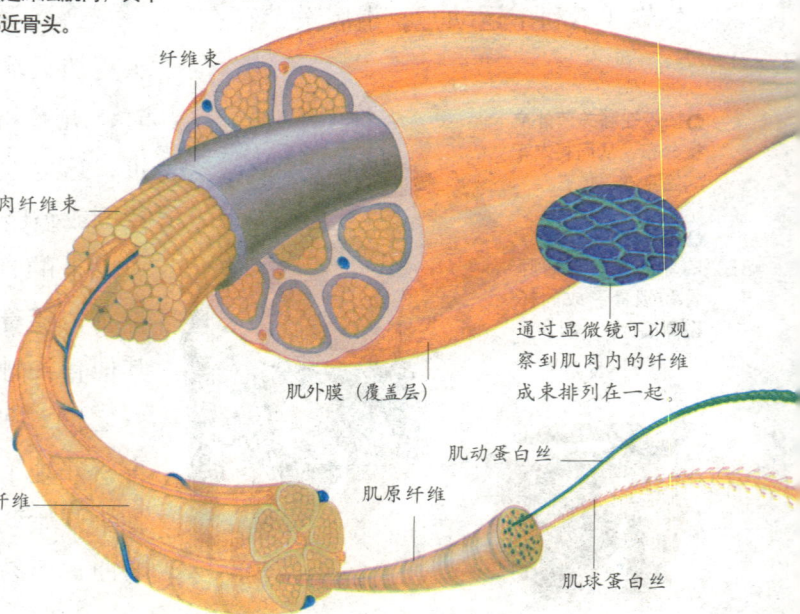

纤维束
肌外膜（覆盖层）
肌肉纤维
肌原纤维

通过显微镜可以观察到肌肉内的纤维成束排列在一起。

肌动蛋白丝
肌球蛋白丝

8

大部分肌肉都很纤长，末端与骨头相连。肌肉收缩时，会拉动骨头并使骨头移动，从而带动身体部位运动；然后，骨头另一侧的肌肉会收缩，再拉动骨头返回原位。肌肉成对或成组合作以使身体部位来回运动。

肌肉活动的速度有多快？

非常快——眨眼般快。肌肉活动的速度取决于肌肉的类型。手指、面部和眼睛上"快速抽动"的肌肉不到1/20秒就可以抽动一次，速度快但很快就会疲劳，而"缓慢抽动"的肌肉（例如背肌）抽动速度慢，但可以保持较长的时间。

是什么在控制肌肉？

大脑沿着神经向肌肉发出信号，指挥肌肉何时收缩、收缩多大幅度以及收缩多久，从而达到控制肌肉的目的。幸运的是，人之初，我们就学会了很多常见的动作，例如走路、说话和咀嚼，因此我们几乎不假思索就可以完成这些动作。此时大脑仍在控制肌肉，只是控制肌肉的为大脑的下半部分或无意识的部分，即不需要集中精力或只利用潜意识。即使站立也需要肌肉力量，这是因为脖子和后背的肌肉拉紧才可以保持身体平衡和直立。

肌肉为什么会疲劳？

血液可将氧气和能量运送到肌肉从而保证肌肉的活力，然而有时血液的流动太慢，肌肉会因此感到疲劳。如果心脏无法快速供血以激发肌肉的活力，肌肉会因供应耗尽而变得疲劳，再也无法运作。同时，繁忙的肌肉还会产生废弃物即乳酸，乳酸要由血液带走，如果供血不足，乳酸会在肌肉中堆积，从而可能会导致抽筋。

人体能生成更多的肌肉吗？

不能。然而人体通过锻炼和活动，可以增大肌肉，并使肌肉变得更加健康、更加强韧，也更富有力量。锻炼还可以加快心脏供血速度，增大肺部呼吸力度。事实上，心脏的大部分都是肌肉，而呼吸动作也是由肌肉带动完成的，因此，任何形式的运动都有助于保持身体肌肉的健康。

作为网球运动员，不只手臂的肌肉，就连脖子、后背和腿部的肌肉都在运动，从而保持身体的平衡和柔韧，以便运动时减少损伤。

肺部和呼吸

你可能没想到此时你在做很多事情——当然除了阅读之外。其实此时你身体的很多部位都处于忙碌状态，一个至关重要且永不停歇的过程便是呼吸，不论白天还是夜晚每隔几秒就会呼吸一次。和心跳一样，呼吸也是人体最为重要的活动。

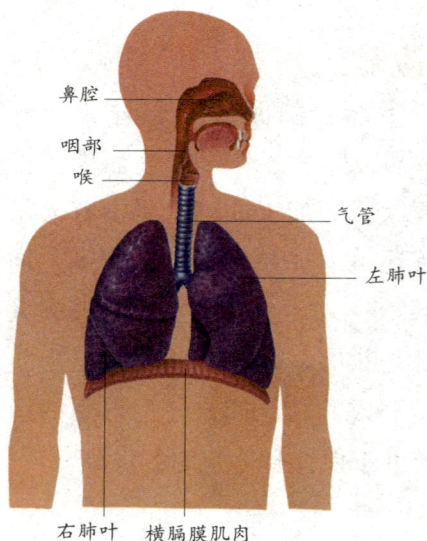

❶呼吸系统包括专用于从空气中吸入氧气的各个部位，但有些部位还有其他用途，例如鼻子可以闻气味，喉咙可以说话。

我们为什么需要呼吸？

为了使氧气进入人体。人体需要氧气进行体内的化学反应，而且每一个微小的细胞内都会发生化学反应。氧气可以将高热量物质葡萄糖分解并释放出生命进

程所需的能量，而由于人体无法储存氧气，必须不停地从空气中获取新的氧气供给。

吸入的氧气到了哪里？

通过鼻子后顺着喉咙进入气管，然后沿着支气管进入胸腔中的两个肺叶——以上这些人体部位便构成人体的呼吸系统。呼吸有时被称为呼吸作用。

肺部最小的部位是什么？

是肺泡。肺泡的形状很像缩微的气球，每个肺中大约有2.5亿个肺泡。每个肺泡都包裹在更小的网状

❶空气沿着气管从肺流入或流出，而气管在底部分成两个支气管，分别通向左右肺叶。心脏位于两个肺叶之间勺子形的空间内。

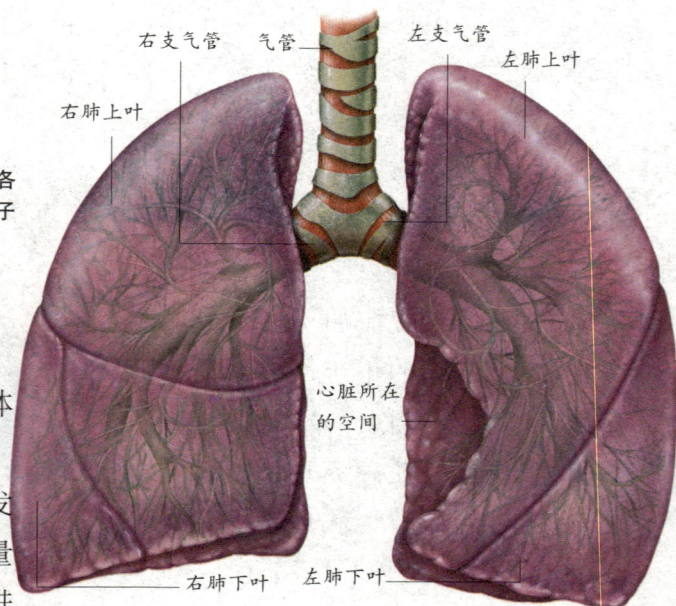

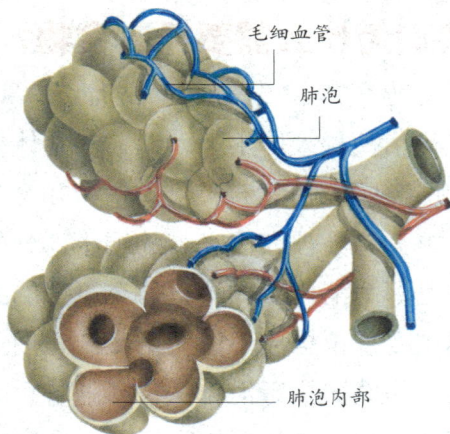

毛细血管

肺泡

肺泡内部

➊ 最狭窄的气管末端有成群或成束的肺泡，包裹在毛细血管下。它们占肺部总体积的1/3。

血管——毛细血管的下方，肺泡中的氧气轻而易举就可以渗入毛细血管中的血液中，然后通过血液循环运送到身体各部位。

呼出的气体是什么？

呼出的气体中，多数为二氧化碳，少数为氧气。吸入的空气中有21%为氧气，而呼出的气体中仅有16%为氧气。然而，吸入的空气中几乎没有二氧化碳，但呼出的空气中二氧化碳所占的比例比氧气还要多4%。二氧化碳是分解葡萄糖产生能量的过程中产生的一种废弃物，如果二氧化碳在人体内堆积，会产生毒性，因而，血液会收集二氧化碳，并通过肺泡呼出体外。

人是怎样发声的？

当你谈论、唱歌、哼唱和尖叫

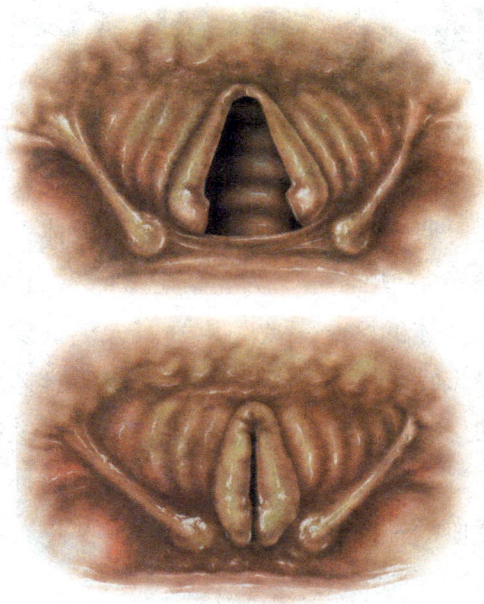

➊ 颈部的喉咙处有两条声带，每一条声带都会向侧面伸展。如上图所示，正常呼吸时，声带之间有一个三角形的缝隙，而说话时几乎为完全闭合。

时，这些声音是由喉内的声带发出的，而喉位于气管的顶部。当空气穿过气管时，会通过声带之间的狭窄缝隙，使声带振动发出声音。用力呼气会使声音更大，拉长声带则会使声音更为高亢。

➊ 嗓音来自声带的振动，喉咙、嘴巴、鼻子和鼻窦内气囊的形状和位置都会影响声音的质量，因此我们的嗓音各不相同。

饮食和消化

为了维持生存，人体每隔几秒就要呼吸一次新鲜空气。然而，人体无法单靠新鲜空气为生，还需要饮食（人体的又一主要需求）。人体需要摄入富含多种物质的食物，用于身体的生长和修复，并为人体的活动提供能量。人体还需要饮水，从而不断补充血液中的水分。

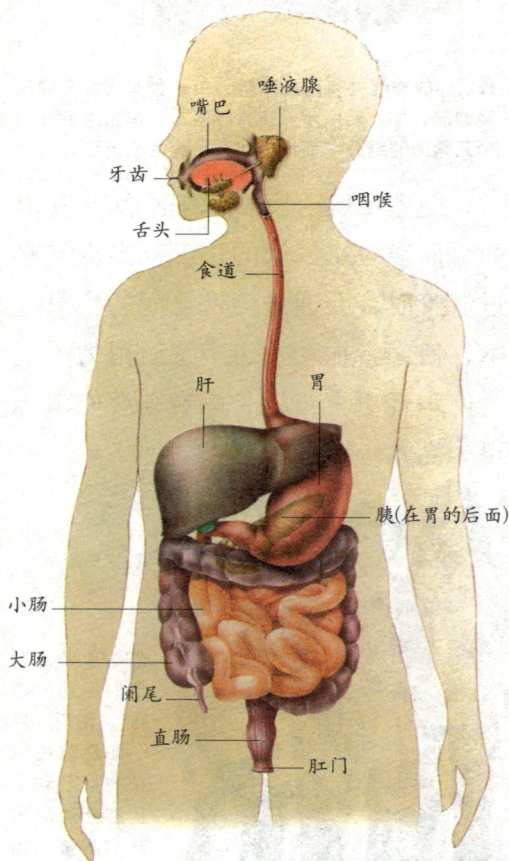

我们为什么需要摄入食物？

为了提供生命所需的能量，以及为了获得人体生长、保养和整体健康所需的多种营养。摄入食物并将之分解为易于被人体吸收的细小部分的过程即为消化，10个或10个以上的人体主要部位构成了消化系统，它们通力合作共同执行消化任务。随着吞咽下的食物在消化系统内运送，食物中所含的营养元素会逐渐被吸收到人体内。

我们共有多少颗牙齿？

人体一共会长出52颗牙齿，但

➡ 在下颌每一侧的固齿包括位于正前方、切咬食物的2颗门齿，比门齿高、用于撕咬食物的1颗犬齿，2颗更为宽阔的前臼齿，以及比前臼齿还宽、用于碾碎和咀嚼食物的3颗磨牙。

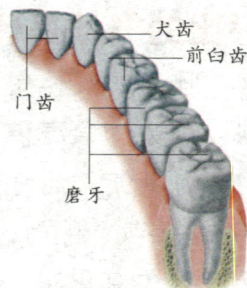

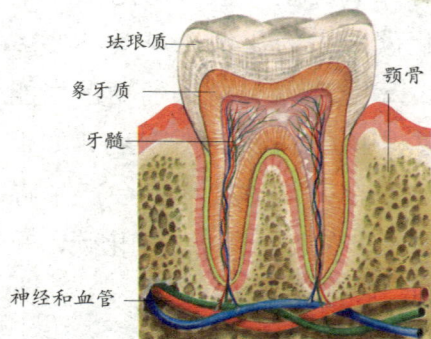

➊ 消化系统包括嘴巴、牙齿、舌头、咽喉、食道、胃、小肠和大肠（小肠和大肠共同形成一个狭长的通道即消化道）以及肝和胰。

➊ 牙齿的中心为柔软的牙髓，牙髓内含有血管和神经。牙髓的外面包裹着粗糙的象牙质，而牙齿的顶部即牙冠上又包裹着一层更为坚硬的珐琅质。牙齿的根将牙齿牢牢固定在颚骨上。

○吞咽包含一系列复杂的肌肉动作：舌头将食物块（图中显示为黄色）推入喉咙，食物通过气管口后沿着食道再向下移动。

1. 舌头将食物推至嘴巴后方　　2. 食物从气管顶部通过　　3. 食物被挤压进入食道

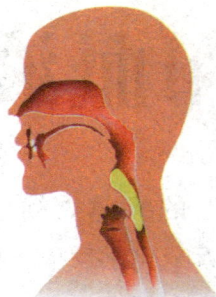

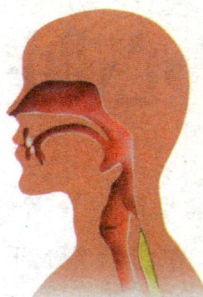

并不是同时长出来的。出生后长出的20颗牙齿会一直生长到三四岁，它们被称为乳牙。从六七岁开始，它们会自然脱落，并长出32颗牙齿。这些牙齿比乳牙更大更强韧，被称为固齿或恒齿。

吞咽食物前要做什么？

牙齿将食物咬成小块后会加以咀嚼并使之与唾液混合，从而使食物变成柔软且易于吞咽的小块。食物被吞咽至食道——一根由肌肉构成的管道，从而使食物进入胃中并与胃液混合在一起。

胃的主要作用是什么？

胃主要用于分解食物。胃是由肌肉构成的袋状物，可将食物挤压、碾碎并压榨成柔软的浆状物，还可以对食物添加被称为胃酸和酵素的强化学物质，将之分解为粥状的食糜。

人体最长的器官是什么？

通过胃后，半消化的食物会流入人体最长的器官——6米长的小肠。小肠卷曲着位于下体的中部，它可以

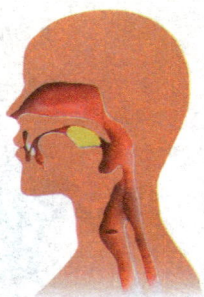

添加更多的酵素和其他化学物质，将食物分解为最小的营养元素。这些营养元素会渗透过小肠内层进入血液，并运送至全身供人体使用。

最大的内脏是什么？

肝，它位于胃的右侧。富含营养元素的血液会流入肝，在肝中得到处理或发生变化，以便能够储存在人体或被人体利用。肝的左侧、胃的下方为胰，它可以生成强有力的消化液，而该消化液会流入小肠。胰每天会生成大约1.5升消化液。

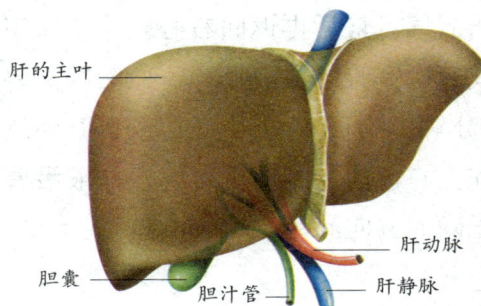

肝的主叶　　　　　　肝动脉

胆囊　　胆汁管　　肝静脉

○肝是一个很大的楔形器官，拥有充分的血液供给，而血液都是由静脉直接从肠道运送来的。胆囊可以分泌出液体胆汁，胆汁先是存储于胆囊中，然后再流入小肠。在小肠内，胆汁可以促进脂肪的消化。

心脏和血液

人体是一个繁忙的机体，每一秒都进行着成千上万个化学反应，而且每一个微小的细胞内都发生着化学反应。化学反应会利用能量、营养元素和其他原料，并生成废弃物。循环系统是一个复杂的血管网络，其中的动脉、静脉和毛细管就专用于将原料运送至人体的各个部位并将废弃物带走，这个过程周而复始永不停歇。

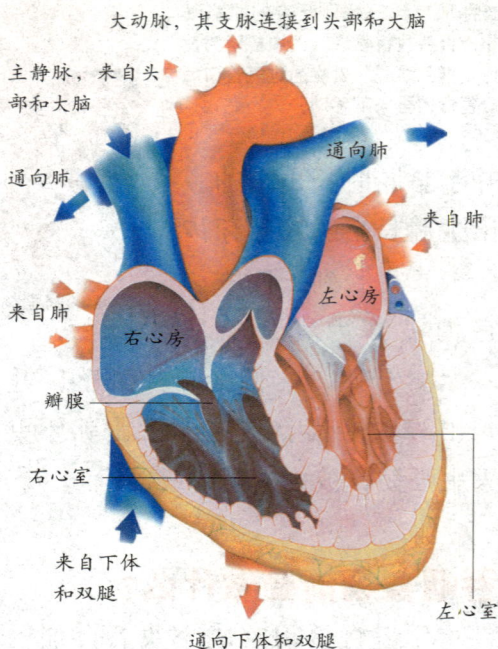

大动脉，其支脉连接到头部和大脑
主静脉，来自头部和大脑
通向肺
来自肺
左心房
通向肺
来自肺
右心房
瓣膜
右心室
来自下体和双腿
左心室
通向下体和双腿

❶ 心脏内有4个腔。每一侧上方有一个心房，可以接收来自静脉的血液，下方各有一个厚壁的心室，可将血液泵至动脉中。

人体哪个部位的跳动永不停歇？

人在有生之年，心脏的跳动永不停止。心脏是一个由肌肉构成的袋状物，不停地对全身进行血液供给。心脏泵分左右两个部分。右心脏泵可将利用过的血液送至肺以获取氧气。血液流回左心脏泵后，被泵至全身以输送氧气，最后再返回右心脏泵从而完成一次完整的血液循环。血液约需要1分钟的时间就可以完成整个循环过程。"单向"的瓣膜可确保血液沿着正确的方向流动。

心脏的跳动速度有多快？

休息时，心脏跳动的速度约为每分钟60～75次，大量运动后，心脏的跳动速度可以提高到每分钟130次或以上，之后再恢复到休息时的速度。心跳的速度视身体的需要而不同。心脏每跳动一次，血液就会被泵入血管中，并使血管凸起来，这个凸起的过程可以在手腕上感受到，被称为脉搏。医生会测量出心跳过程中以及心跳间隔期的血压，以此判断心脏的健康程度。

人体内的血液量有多少？

人体体重的约1/12为血液，这意味着大多数成年人体内有4～6升的血液。血液中约有55%为血浆，而血

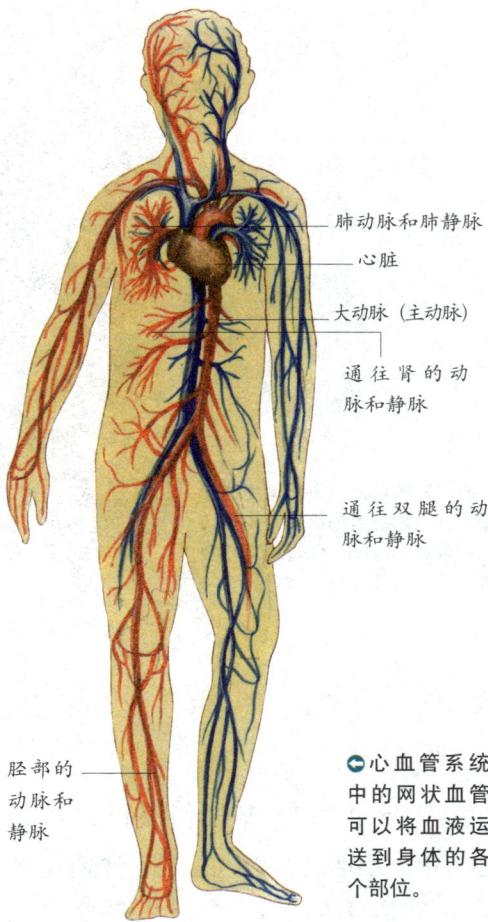

肺动脉和肺静脉

心脏

大动脉（主动脉）

通往肾的动脉和静脉

通往双腿的动脉和静脉

胫部的动脉和静脉

⬅心血管系统中的网状血管可以将血液运送到身体的各个部位。

浆中溶解有氧、营养元素和数百种其他物质。血液中其余的45%由微小的血细胞构成。

血液共有多少种功能？

血液有100多种功能。一个最为重要的功能便是通过几十亿个红细胞运送氧。血液还可以分配营养元素，运送很多天然物质。这些天然物质被称为激素，它可以控制人体内的化学反应，在全身传播热量，运送可抵抗疾病的白细胞，以及收集二氧化碳和其他废弃物。

什么是血凝块？

血液会凝结成块以"缝合"创伤。在创伤处，血液中一种名叫纤维蛋白的物质会形成缠结的微纤维网，而血小板则有助于形成凝块以止血。凝块会硬化为痂，痂可以在创伤愈合前的几天里起到保护伤口的作用，并在创伤完全愈合后脱落。

⬆红细胞是人体内数目最多的血细胞，呈中间凹陷的圆形。白细胞会包围并攻击细菌，因而会改变形状。血小板体积更小，与细胞碎片类似。

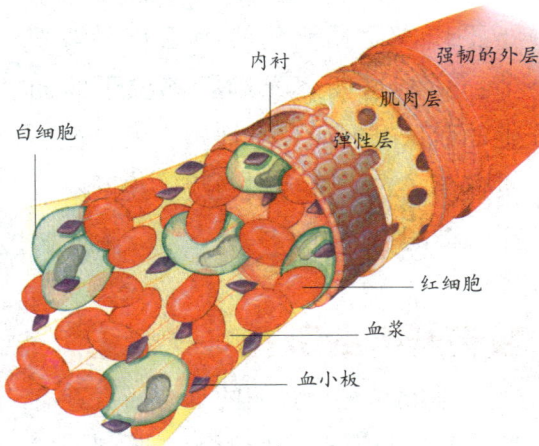

内衬

强韧的外层

肌肉层

弹性层

白细胞

红细胞

血浆

血小板

⬇在创伤处，红细胞和白细胞会纠缠成纤维（如左图所示），结块硬化后会"缝合"创伤（如右图所示）。

感觉

你敏感吗？当然，你的身体是有感觉的。人体主要有5种感觉——视觉、听觉、嗅觉、味觉和触觉，这五种感觉可以提供信息，让人们了解周围和人体的情况。人体内也有微小的传感器，它们可以传递信息，让人感知到肌肉和关节所在的位置。

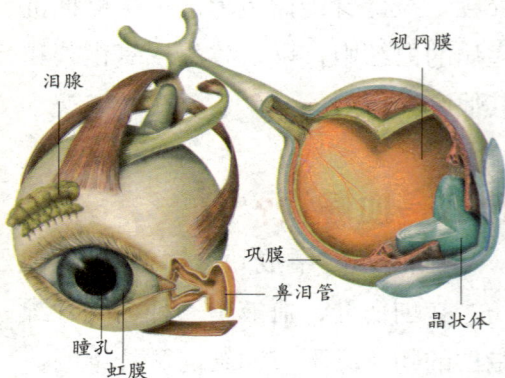

视网膜

泪腺

巩膜

鼻泪管

瞳孔 虹膜

晶状体

🔼 眼泪是在泪腺中产生的，从内眼睑流出，并通过鼻泪管流入鼻子。眼睛内有一层感光的膜，即视网膜。

眼睛是如何工作的？

眼睛可以将它看到的光线的亮度和颜色转变为电子神经信号代码并传送至大脑。光线会穿过眼球前方圆盖形的透明角膜，然后通过瞳孔——瞳孔位于眼球前部含色素的环形薄膜即虹膜中间。虹膜在强光照射下会使瞳孔变小，从而防止过多的光线进入眼睛并损伤眼睛内部。

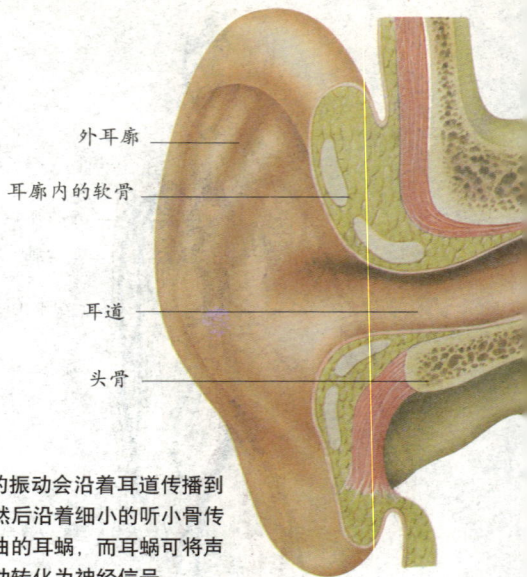

外耳廓

耳廓内的软骨

耳道

头骨

🔽 声波的振动会沿着耳道传播到鼓膜，然后沿着细小的听小骨传播到卷曲的耳蜗，而耳蜗可将声波的振动转化为神经信号。

眼睛内什么的数目能达到1.25亿？

被称为杆状细胞和圆锥细胞的微小感光细胞。当光线照射到这些感光细胞上时，会产生神经信号。1.2亿个杆状细胞在昏暗的光线下也能看清楚，只是无法辨别颜色，而600万个圆锥细胞只能在较亮的光线下工作，而且能分清颜色并看清细节。所有这些感光细胞都位于曲面上，而这个曲面只有拇指尖大，比书页还薄，它被称为视网膜。视网膜位于眼球的内侧。

我们能听到所有的声音吗？

不能。对于我们的耳朵而言，有些声音因过高或过低而无法听到。然

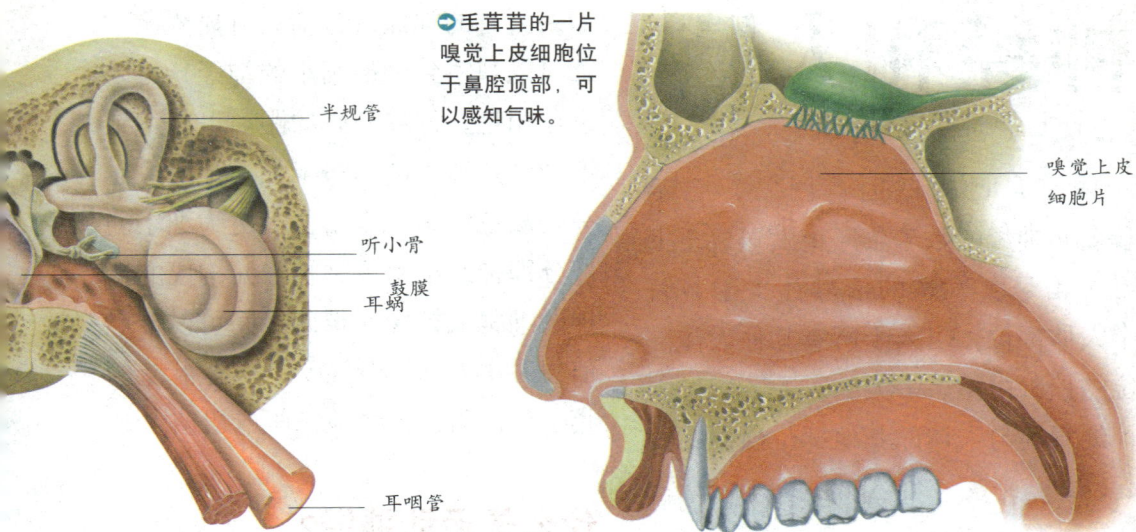

半规管

听小骨

鼓膜

耳蜗

耳咽管

🔵 毛茸茸的一片嗅觉上皮细胞位于鼻腔顶部，可以感知气味。

嗅觉上皮细胞片

而某些动物，例如狗和马却能听到这些声音。空气中的声波会沿着管状耳道传播，敲击鼓膜并使之振动，产生的振动再沿着三个细小的骨头即听小骨传播到耳朵深处耳蜗内的液体中从而产生神经信号并发送到大脑。

鼻子内部是什么模样？

　　鼻子内部为名叫鼻腔的气室，它有两个拇指大小。在鼻腔顶部为两片嗅觉上皮细胞，每一片有拇指指甲大小。携带气味的颗粒物会悬浮在呼入的空气中并落在嗅觉上皮细胞上，从而使细胞向大脑发送神经信号。然而，数百万嗅觉上皮细胞中任一个仅能对几种颗粒产生反应。

舌头如何品尝不同的味道？

　　吃东西时，分布在舌尖、舌头两

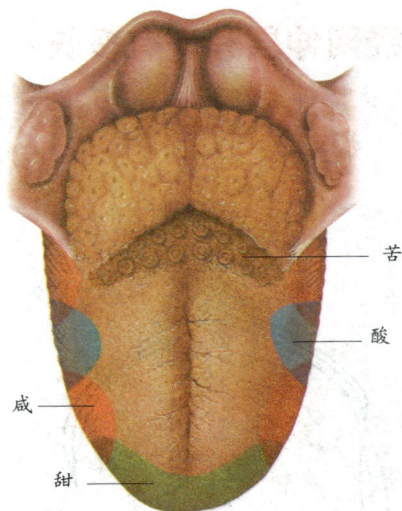

苦

酸

咸

甜

🔼 舌头尖上的味蕾主要感知甜味，舌头两侧的味蕾主要感知咸味，再后面的部分感知酸味，而舌根部主要感知苦味。

侧和后方的大约1万个味蕾会感知食物中名叫香味分子的细小颗粒。每一个味蕾约含有25个味觉细胞，如果香味分子落到对应的味觉细胞上，细胞就会向大脑发送神经信号。舌头品尝味道的方式与鼻子闻气味的方式相似。

17

神经和大脑

人体有自己的"因特网"，会沿着名叫神经的数千条通道发送成千上万个信号，发送的信号往来于数百个人体部位，出入于所有其他人体部位的控制中枢——大脑。大脑通过主神经脊髓与人体的其他部位连接在一起。

神经网伸展开来有多长？

人体神经网有众多复杂的分支，

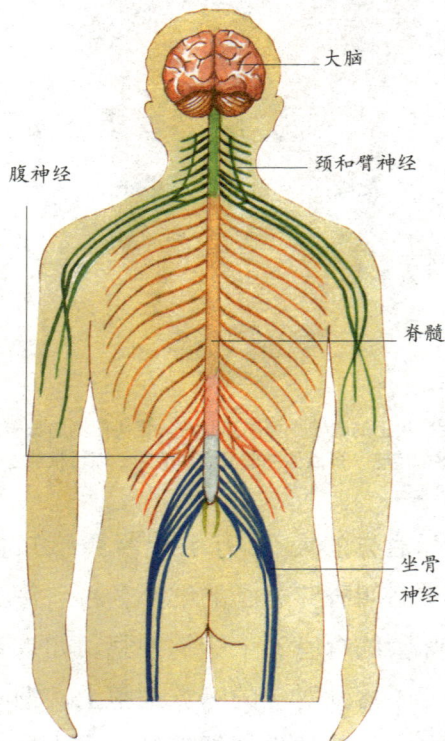

神经系统可以控制并协调全身的化学反应和活动。它的主要构成部位为大脑和主神经即脊髓——被称为神经中枢，以及从中枢神经上分支而来并遍布全身的数百个神经，后者被称为末梢神经系统。

如果所有的神经（包括只有显微镜下才可以观察到的最细小的神经）可以首尾相连，伸展开来的距离可以达到地球到月球距离的一半长。神经像光亮的灰色绳索，是由很多更为细小的部分即神经细胞或称神经元构成的，神经细胞或神经元彼此之间可以传递信息。每一根神经都有一层粗糙的膜，可以防止神经被挤压或扭结。

什么是运动神经？

运动神经可将来自大脑的神经信号传送到人体的其他部位，大部分神经信号会传送至肌肉，指示肌肉何时收缩、收缩多大幅度以及收缩多久，有些运动信号会传送到腺体，例如汗

神经细胞或神经元有一个宽广的部分即细胞体，细胞体分叉产生树突，树突可以接收来自其他神经细胞的信号。一个狭长似纤维的部分即轴突可将神经信号传递至其他神经细胞。

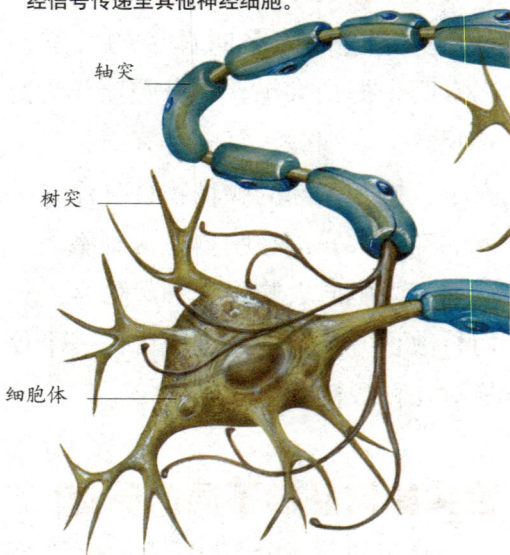

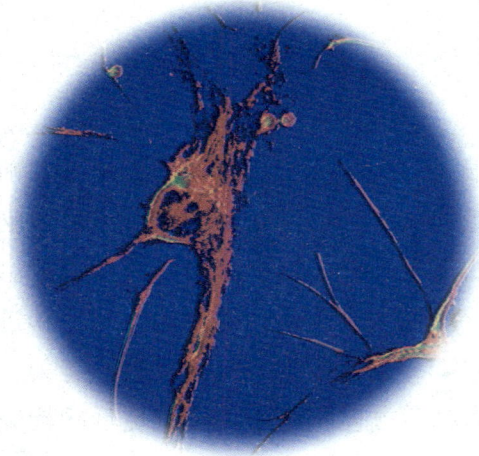

❶ 在显微镜下，玻璃片上生长出的神经细胞会分叉，长出触须似的树突以"搜索"其他神经细胞。

腺、唾液腺和泪腺，指示它们释放出所含的物质。感觉神经则以另一种方式传送信号，即将来自眼睛、耳朵和其他感觉器官的信号传送至大脑。

人体共有多少神经细胞？

达数千亿个，其中大脑中就含有1 000亿个神经细胞。每只眼睛通向大脑的视觉神经含有100多万个神经纤维，其他神经也有数目如此庞大的神经纤维。此外，某些神经细胞可以通过神经键将信息传递到1万多个神经细胞，因此神经信号在全身的通道的数量可以多到无法想象——而且神经之间的连接总是在发生变化。

神经传递信号的速度有多快？

传播最快的信号（例如从皮肤传来的警告伤害和疼痛的信号）的速度可达100米／秒以上，这样一来，人体可以快速做出反应，从而避免受伤。信号传播速度的快慢与神经的类型和其所传递的信息有关，其他信号（例如控制胃和消化道的信号）的传播速度则很慢，只有1米／秒。

大脑是如何连接到人体上的？

通过脊髓。脊髓是人体的主神经，从大脑底部向下延伸并进入脊椎骨。脊椎上又分出31对神经，这31对神经再向两侧延伸连接到人体内部。从大脑本身也分出12对神经，它们主要连接到眼睛和耳朵等器官上。这些神经被称为脑神经，有些脑神经会延伸到胸腔。

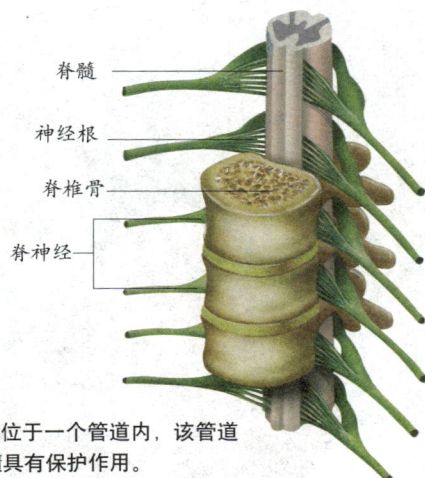

脊髓

神经根

脊椎骨

脊神经

➲ 脊髓位于一个管道内，该管道对脊髓具有保护作用。

工作中的大脑

大脑从未真正休息，即使夜里身体的大部分都处于放松静止的状态，大脑还在忙碌。大脑控制着心脏的跳动、肺的呼吸、体温、消化系统以及很多其他内部进程。我们对大脑和大脑内的活动的发现越多，大脑就越显得复杂。

思考是如何发生的？

思考之所以发生是神经信号在大脑内很多不同的部位之间传递的结果，而大脑内实际上并没有专用于思考的部位。大脑皮层尤为重要，它是很大的突出部位（被称为脑半球）褶皱的灰色外层。在脑半球下方是大脑的下半部分，这个部分与潜意识或意识没有太大关系，更多地与"自动进程"（例如控制心跳和呼吸）有关。大脑后方体积更小、位置更低的褶皱部位为小脑。小脑组织传递到肌肉的神经信号，从而确保所有的人体动作都流畅而协调。

记忆被存储在哪里？

大脑内其实也没有特定的"记忆中枢"，但是很多部位可以合作存储

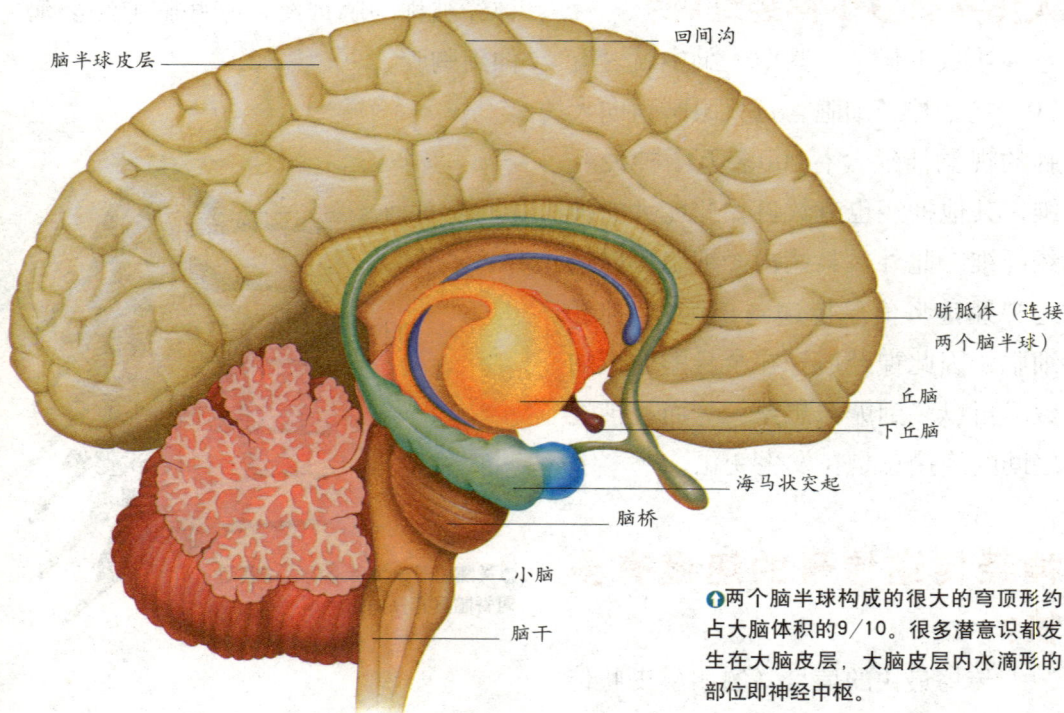

脑半球皮层 —————

回间沟

胼胝体（连接两个脑半球）

丘脑

下丘脑

海马状突起

脑桥

小脑

脑干

🔵 两个脑半球构成的很大的穹顶形约占大脑体积的9/10。很多潜意识都发生在大脑皮层，大脑皮层内水滴形的部位即神经中枢。

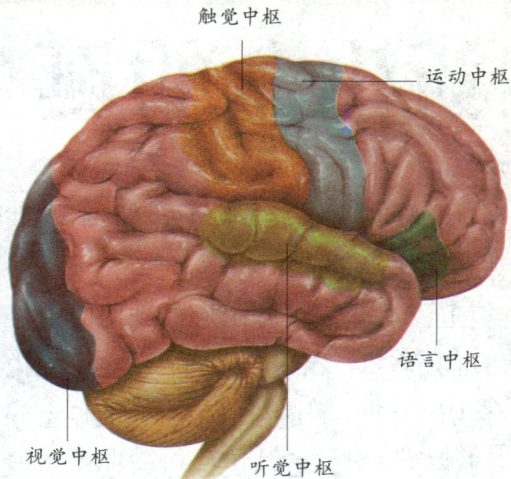

①大脑皮层不同的部分处理来自感觉器官或传送至肌肉的神经信号。

①图中的医生在查看脑部扫描图，并依此确定各种脑部问题，例如中风、脑供血不足以及神经细胞受损等。

记忆。一个名叫海马状突起的弯曲部位在将短期记忆（例如我们只需记住几秒的电话号码）转变为长期记忆（几个星期或数月后仍不会忘的记忆）中发挥着重要作用。

脑子越大人越聪明吗？

并非如此，脑子的大小与聪明与否无关。人的聪明程度取决于我们所说的"智力"的高低。有些人在数学或科学方面并没有特别之处，但可能在音乐或绘画方面才华横溢，或在投资或交际方面有非凡能力。每一个人都有不同的能力、特长和行为方式。

什么是想象力？

想象力是我们能够想象眼睛所见——甚至闭上眼睛也能看见——的情景和景象。大脑皮层的不同部位接收来自不同感官的信息，来自眼睛的信息会传送至大脑皮层的后下方即视觉中枢，在这里大脑处理眼睛看到的事物。运动中枢也被称为皮层运动区。

睡眠时会发生什么？

EEG（脑电图扫描仪）可以记录大脑的神经信号或脑电波，结果显示出睡眠时大脑仍能评价最近发生的事件和记忆，并决定哪些不太重要可以遗忘。在特定的时间，人体的肌肉会发生抽搐，眼球会来回转动。眼睛的这种现象被称为眼球速动，此时人正处于梦境中。

新生命的诞生

婴儿出生后大约4个星期时，我们会说他有"1个月大"了，然而，事实上，从其身体开始形成到此时已经有10个多月了，因为受精卵在母体内会历经9个多月的生长发育。人们会仔细观察宝宝，看其更像母亲还是更像父亲，这种相似缘自基因的遗传。

婴儿从什么时候开始生长？

每个人都是由一个受精卵发育而来的，这个受精卵十分微小，是由两个细胞即母亲的卵子和父亲的精子结合产生的。人体在之后逐渐发育，细胞的数目会增长至几十亿，但这些细胞都是由最初的细胞分裂产生的。

卵子从何而来？

卵子位于妇女体内的圆形器官卵巢内，在小腹的两侧各有一个卵巢。每一个卵巢都含有数千个卵子，每个月，都有一个卵子会发育成熟并准备受精。成熟的卵子会释放到输卵管中，然后缓缓进入子宫，这个过程被称为排卵。子宫内膜很厚，充满血液，如果卵子与精子结合，这里能对其进行滋养。若没有受精，卵子和子宫内膜就会通过阴道排出，即形成月经。

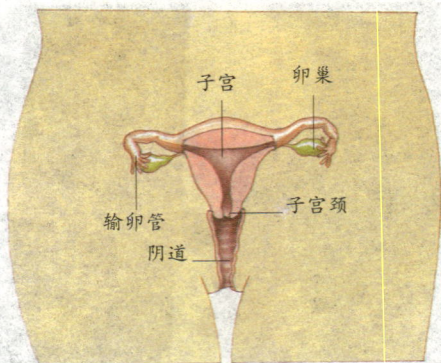

🔵图为女性生殖器官剖面图。女性的卵子位于两个卵巢内。每一个月，月经周期会导致一个卵子成熟并经过输卵管进入子宫。在子宫内，精子可以和卵子结合。

精子从何而来？

精子是在男子体内形成并存储的。男子的睾丸会不停地产生精子，睾丸位于小腹下方的阴囊内。睾丸每天会产生数百万个精子，精子发育并存储在一个名叫附睾的迂回的管道中。精子大约可以存活1个月，如果精子没有在性交过程中被释放出体外，会逐渐死去，而且会在新的精子

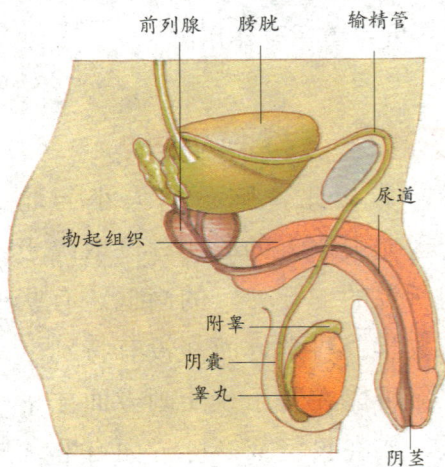

🔵在男性的生殖器官中，精子是在两个睾丸内生成的。在性交过程中，精子会沿着输精管排出体外。输精管和尿道是相连的，可作为尿道的一部分用于排尿。

产生时被分离出去。

精子
卵子
精子使卵子受精

精子尾部
顶体
核子

🔺一个精子有一个圆头，里面含有遗传物质（DNA）。

🔻在女性的输卵管内，很多精子会快速摇动尾巴游向卵子。然而，只有一个精子可以和卵子结合，将它的遗传物质（DNA）注入卵子中。

卵子和精子如何结合？

在性交过程中，精子会进入女性的阴道进而进入子宫，在这里可能有一个成熟的卵子。这个过程从男性体内开始。首先男性体内数百万个精子会从睾丸和附睾开始沿着输精管到达尿道，其中尿道位于阴茎内。含有精子的液体会离开阴茎末端，然而受精时只有一个精子可以和卵子结合以产生新的生命。

什么是基因和遗传？

基因会指示人体如何发育并实现生命进程，而遗传是指将父母的基因传给子女。基因是以DNA（脱氧核糖核酸）这种化学物质的形式存在的，卵子内含有母亲的基因，而精子内含有父亲的基因。当卵子和精子受精结合时，二者的基因会合二为一，于是

受精卵便开始发育成一个婴儿。

哪些特征会遗传？

有些生理特征是从父母遗传而来的，例如眼睛、皮肤和头发的颜色，鼻子和耳朵的形状以及成年后的身高等。然而，某些特征可以通过几个基因进行控制，这就意味着孩子头发的颜色或耳朵的形状并不一定与父母一方相似，而可能与祖父母或外祖父母中的一个相似。同卵双生的双胞胎虽然拥有相同的基因，在外形特征上也会略有差异。

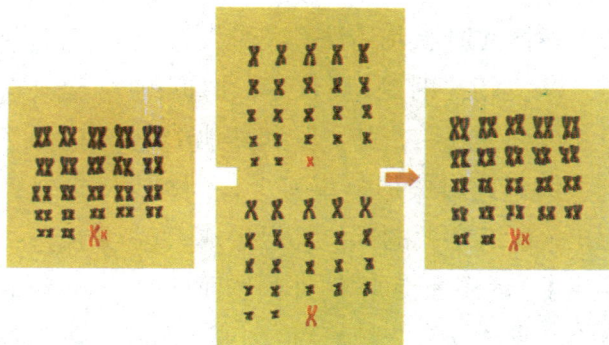

🔻完整的基因包含在23对染色体中（如左图所示）。在繁殖的过程中，成对的染色体会分裂，因而只有23条染色体会进入每个卵子或精子（如中间的图所示）。在受精时，两组各23条染色体会结合构成23对染色体（如右图所示）。最后一对染色体会决定婴儿的性别。图中显示的这对染色体为XY组合，即一个大X和一个较小的类似X的Y，因此生出的为男孩。两个大性染色体即XX意味着生出的将是女孩。

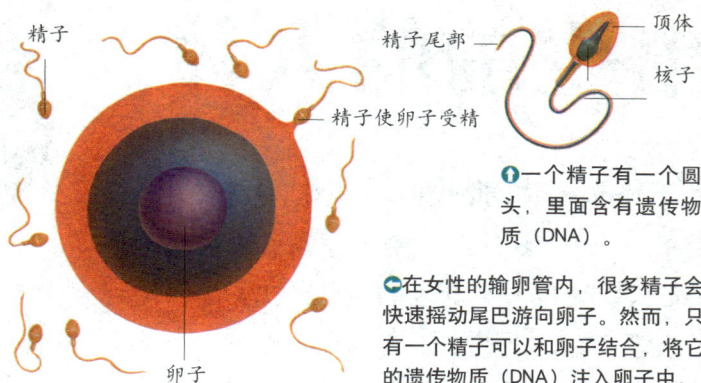

出生前的人体

每一个人最初都只是一个微小的受精卵，9个多月后，变为原来的60亿倍大，变成一个新生的婴儿。当累了或饿了时，婴儿会放声啼哭。胎儿在母亲的子宫内发育的时间被称为怀孕期。

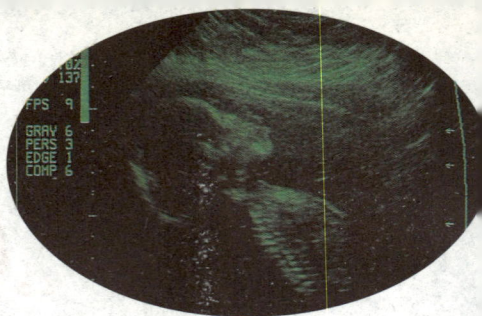

❶随着微小的受精卵发育成胎儿，胎儿的大多数部位都会在前2个月内成形。母亲的腹部从受精后的大约16周开始凸起，从大约18周起就可以感觉到胎儿在移动，这是因为胎儿在扭动手臂、踢腿、弯腰和曲背。

最先发育的是人体的哪个部位？

胎儿最先发育的是头部，即先发育大脑和头部，然后再发育躯干，这之后才是四肢。生命是从受精卵的分裂开始的，受精卵会分裂为2个、4个、8个，以此类推。几天后，就分裂产生数百个细胞，而几周后，细胞的数量就达到数百万个。这些细胞日积月累，便形成人体的各个部位。

胎儿心脏何时开始跳动？

胎儿的心脏仅仅4周后就开始跳动，然而此时胎儿还没有完全发育成形。从受精之时到8周，这段时间的胎儿被称为胚胎，肺、肠和其他部位也大约于此时成形。事实上，到8周为止，所有主要的部位都已形成，甚至连手指和脚趾也不例外。然而此时微小的身体仅有一颗葡萄大小。

胎儿能听到声音吗？

四五个月时，胎儿可能会因为外面大声喧闹而受惊，导致突然移动，这表明其已能听到声音。从受精后的第8周起到生产之前的大部分时间里，胎儿都在生长，体积在不断增大，较小的身体部位（例如眼皮、手指甲和脚趾甲）也在逐渐发育。子宫内一片漆黑，胎儿看不到任何东西，然而即使眼皮合着，眼睛仍在活动。

胎儿如何呼吸？

胎儿并不呼吸——它由袋形的隔膜和液体包围并保护着，然而，它仍需要氧才能维持生存，不过它所需的氧来自母体。婴儿的血液沿着弯弯曲曲绳子似的脐带流动至子宫内膜上的胎盘，胎儿的血液从母体血液的附近流过，这就易于使氧渗入或扩散到胎儿的血液中，然后胎儿的血液会沿着脐带返回至胎儿的身体。胎儿也是以

胎盘 ——
脐带 ——

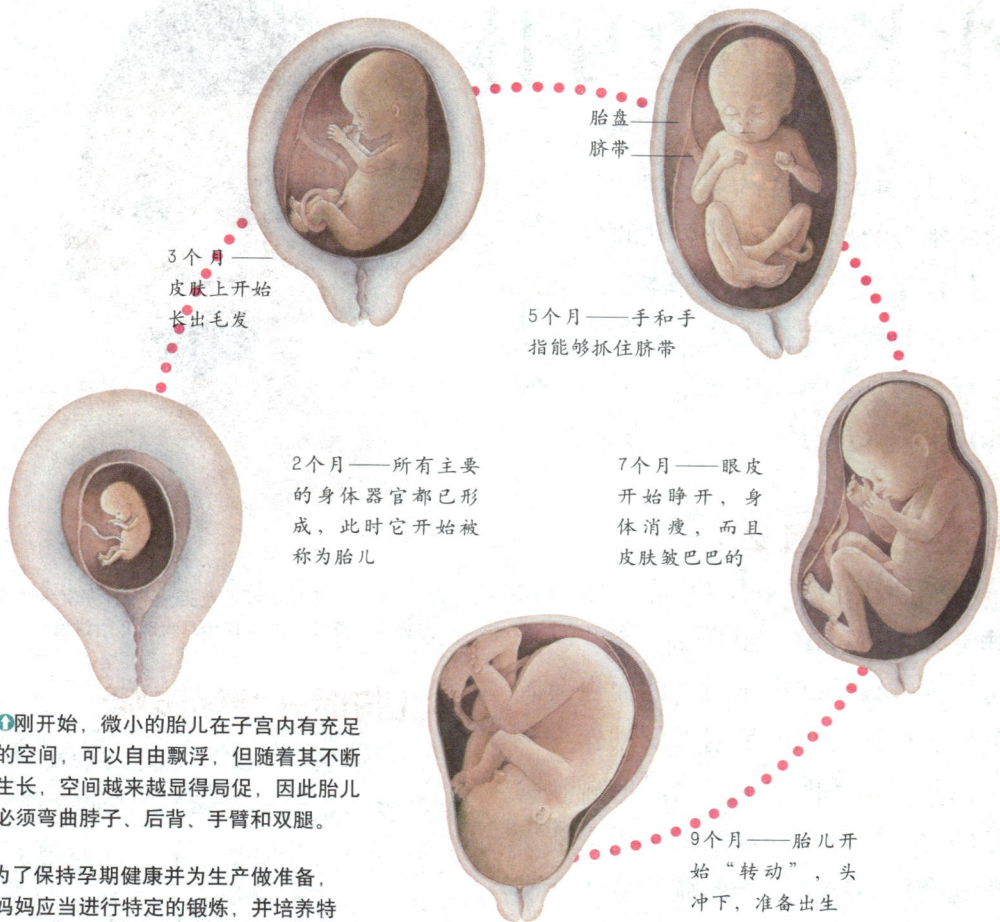

3个月 ——
皮肤上开始
长出毛发

5个月 —— 手和手
指能够抓住脐带

2个月 —— 所有主要
的身体器官都已形
成，此时它开始被
称为胎儿

7个月 —— 眼皮
开始睁开，身
体消瘦，而且
皮肤皱巴巴的

❶刚开始，微小的胎儿在子宫内有充足
的空间，可以自由飘浮，但随着其不断
生长，空间越来越显得局促，因此胎儿
必须弯曲脖子、后背、手臂和双腿。

❷为了保持孕期健康并为生产做准备，
准妈妈应当进行特定的锻炼，并培养特
殊的呼吸技巧。

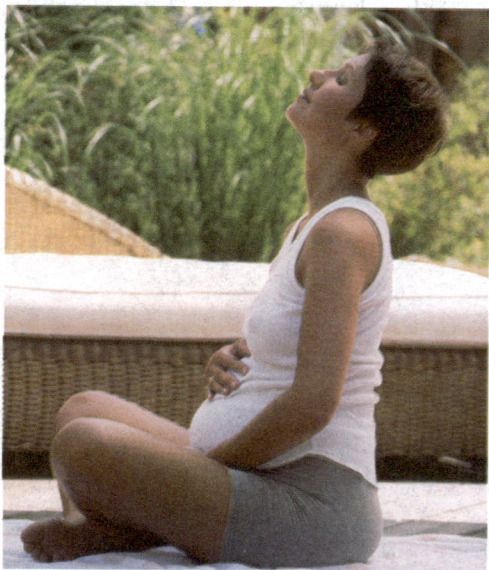

9个月 —— 胎儿开
始"转动"，头
冲下，准备出生

同样方式获得营养的。

生产时会发生什么？

　　生产临近时，子宫壁上强有力
的肌肉开始收缩，从而挤压胎儿从
子宫口或子宫颈通过——怀孕期间，
子宫颈是紧闭着的，然而此时子宫
颈开始变宽以便胎儿通过——子宫的
持续收缩会推动胎儿沿着产道向外运
动直到出生。

生长中的身体

新生儿的大小大约只有发育完全的成年人的1/20。然而婴儿的生长并不仅仅是体型的增大，身体比例也会改变，肌肉会变得更结实，运动也更富有技巧性。从出生的第一刻起，婴儿几乎每天都有惊人的学习量。

新生儿会做什么？

新生儿似乎除了啼哭、吃奶和睡觉外无事可做。刚开始，婴儿一天可能要睡大约20个小时，然而也会做各种各样无意识或反射性的动作——会抓住碰到手的物品，会转向碰到脸颊的物品。如果因高声的喧闹受惊，婴儿会放声啼哭；当膀胱和肠道充满时，会立即排空。

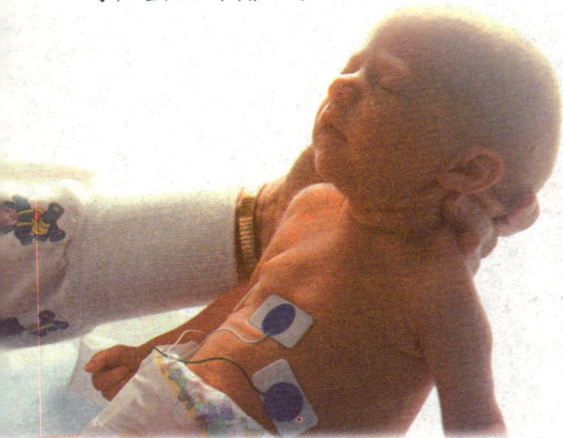

🔼 几周大时，婴儿就可以微笑，不到1岁就会大笑。一般而言，婴儿大约从10个月大时开始讲话。

婴儿何时开始学步呢？

普通婴儿大约1岁时就会走路。大多数婴儿按照同样的顺序学做更为复杂的动作，但学会的时间有很大的差异。大多数婴儿在五六个月大时，就能自己坐起来，到七八个月大时在有人支撑的情况下可以站立，到八九个月大时可以爬行，大约满1岁时就会走路。

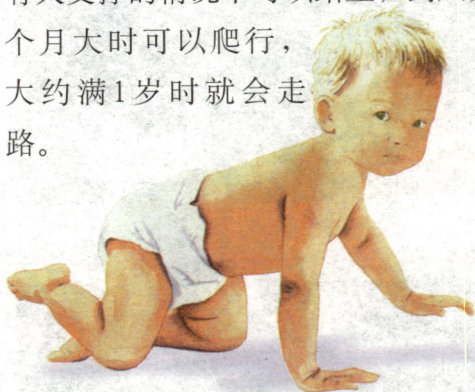

🔼 医生会对新生儿进行全面的医学检查，图中医生正在测量其心率。相对脖子和身体肌肉而言，婴儿的头部又大又重，因而检查时需要小心支撑以防婴儿受到伤害。

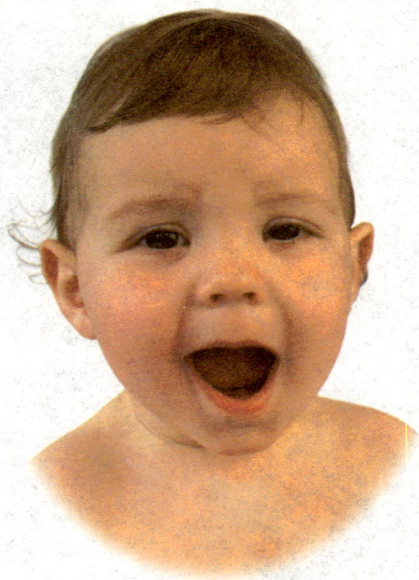

🔼 有些婴儿6个月大时学会爬行，然而某些婴儿从来不会爬行。学会走路前，婴儿可能利用其他方法移动，例如滚动或坐在地上拖着脚向前移动。

婴儿何时开始牙牙学语？

正如运动技巧一样，学习说话的过程对不同的婴儿而言有很大的差异。有些婴儿10个月大时就可以说"爸爸"、"妈妈"和"猫猫"这样简单的词汇，而许多婴儿可能到十三四个月大时才开始形成词汇。婴儿大约十四五个月时开始学习词语的组织，到18个月大时，一般会说20个以上的词语。

婴儿何时的生长速度最快？

出生后的头一年是婴儿生长发育最快的时期，体重大约会增加至出生时的3倍。此后，生长速度逐渐减慢，大约9～12岁时，生长速度再次加快——这个快速生长的时期被称为青春期。在此期间，性器官得到快速发育。

↑小孩儿通常不大会考虑到风险和危险，例如玩耍时常会摔倒，而这些会导致严重受伤，甚至是终身的伤害。成年人需要指出危险所在并认识到采取安全措施的必要性，例如让小孩儿穿戴防护服和防护装备。

身体何时会发育完全？

大多数人到20岁左右时就不再长高，大约25岁时，肌肉会得到充分发展。然而，某些体育活动需要协调性、训练、思想上的准备以及简单的肌肉力量，因此有些运动员到30岁以上时才能达到运动生涯的巅峰。体重也因人而异，某些人体重会不断变化，一生中起起伏伏。

↑青少年彼此交往，会发展社交技巧，而社交技巧是未来人际关系的基础。

→人体的生长分生理和心理两个方面。心理上的成长包括社交技巧的积累，例如学会交朋友、尊重他人的意见、理解是非和处理危机。

测试时间

● 1. 你的身体内含有50%、70%还是90%的水?

● 2. 你哪儿的皮肤最厚?

● 3. 有关人体和其各个部位的学科被称为什么?

● 4. 人的表皮大约多长时间要全部更换一次?

● 5. 你的身体上毛发的数目约有多少?

● 6. 在人体哪个部位的底部你可以发现表皮?

● 7. 肌腱将肌肉和哪种人体部位相连?

● 8. 人体骨架由多少根骨头构成?

● 9. 你有多少对肋骨?

● 10. 人体上最长的骨头是什么?

● 11. 是什么拉动骨头使你运动?

● 12. 你最强健的肌肉在哪儿?

● 13. 哪块肌肉位于腿的后侧膝盖以下的地方?

● 14. 呼吸时人体会吸入哪种气体?

● 15. 吸入的气体首先会通过肺部还是气管?

● 16. 头发和皮肤的颜色是由什么决定的?

● 17. 一个健康成年人共有多少颗牙齿?

● 18. 胃处在肠道的上方还是下方?

● 19. 是小肠还是大肠长?

● 20. 人体的五种感觉分别是什么?

知识小档案

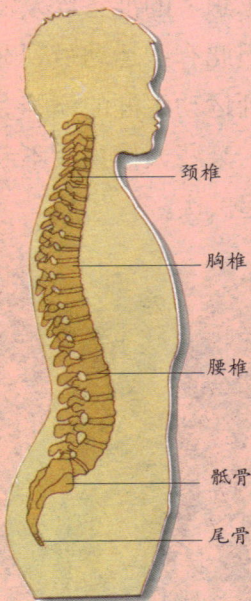

➜ 脖子处共有7块椎骨,胸腔处有12块椎骨,后背下半部分有5块椎骨,而脊柱最底部有2块椎骨。

颈椎

胸椎

腰椎

骶骨

尾骨

关于骨头

* 大多数人体部位约含有2/3的水,但是骨头仅含有1/5的水。

* 头盖骨由22块骨头构成,其中面部有14块,脑壳有8块。

* 最小的骨头为每只耳朵内的3根细小的听小骨。

* 最长的骨头为大腿骨或称股骨,它约占人体高度的1/4。

* 最宽的骨头是骨盆。

* 大多数人有12对肋骨,但是每500个人中约有1人有13对或11对肋骨。

● 21. 图中心脏的瓣膜可以确保血液返回心脏后再从心脏出发从而实现什么？

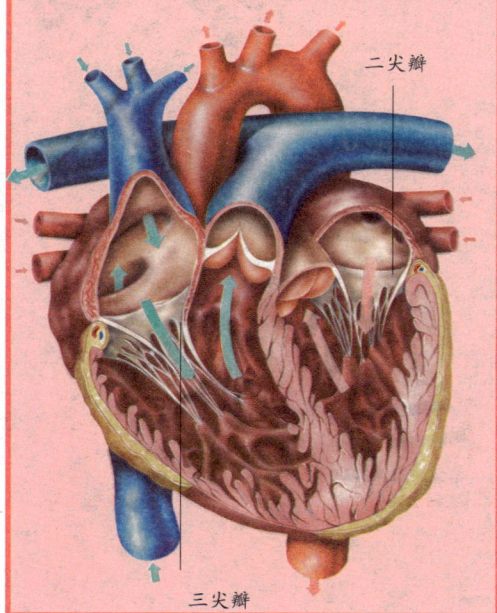

二尖瓣

三尖瓣

● 22. 喉咙的哪个部位可以收紧，挡住"气道"产生振动从而发出声音？

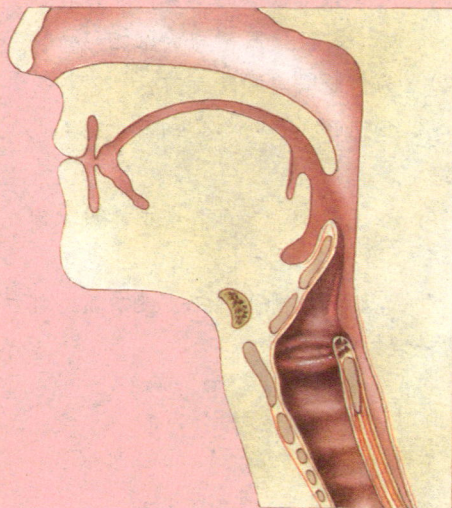

用于呼吸的肌肉

每次呼吸时都有约半升空气进出肺部。呼吸时会利用胸腔下薄片似的横膈膜和带状的肋间肌。

吸气时，横膈膜会变得更为平坦，拉动肺的底部向下运动，肋间肌则迫使肋骨向上和向外扩张并拉动肺部。这两个动作使肺部得到扩展，从而吸入空气。呼气时，横膈膜和肋间肌都处于放松状态，伸展的肺部会恢复原来的大小，释放出空气。

➔ 吸气（左图）的动作需要用到肌肉的力量，因而会消耗能量。呼气（右图）是由伸展的肺部收缩产生，这与富有弹力的带子的收缩类似，因而不需要肌肉力量。

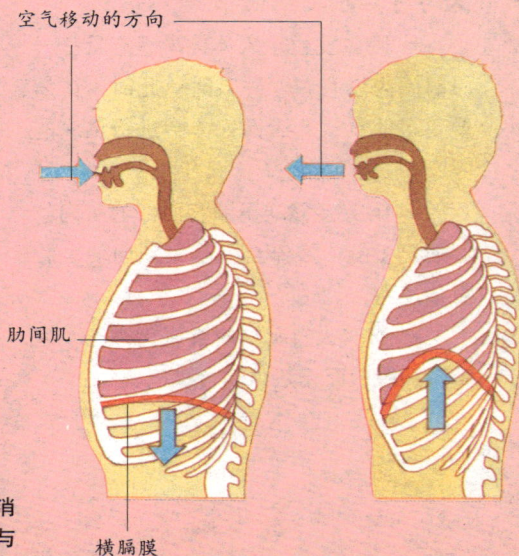

空气移动的方向

肋间肌

横膈膜

23．什么会导致瘀伤变紫？

24．是什么将血液从心脏向外运送？

25．哪类血细胞运送氧？

26．伤口愈合时会形成什么？

27．肺泡占肺部总体积的几分之几？

28．什么被称为肌肉的自动反应（不经过大脑控制）？

29．对苦味最敏感的是舌尖还是舌根？

30．哪个神经使眼睛与大脑相连？

31．为何眨眼对眼睛有益？

32．遇热还是受冷时你的身上会起鸡皮疙瘩？

33．人体的哪个部位有助于保持平衡？

34．脊椎会保护什么？

35．脑部的哪个部位主要负责人体动作的协调性？

36．DNA是什么的简称？

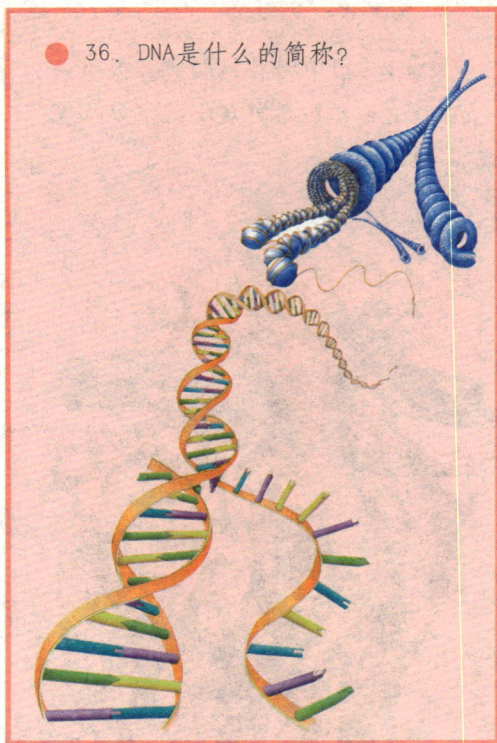

关于打呵欠

* 呵欠发生于人体休息状态且在一段时间内没有做深呼吸时，此时人体需要更多的氧气，因而人体会进行更深的呼吸——打呵欠。

* 呵欠会移动下颌和面部的肌肉，并使更多的血液流至大脑，从而使大脑更加清醒。

* 有些人打呵欠时会张大嘴巴，以致下颌脱臼而无法再闭合嘴巴。

奇妙的事实

* 当你休息或睡眠时，每隔3～4秒你会呼吸一次。

* 大量运动后，你的呼吸会加速至每秒一次。

* 深呼吸时每次吸入和呼出的空气达2～3升。

* 平静时每分钟吸入和呼出肺部的空气还不足10升。

* 无论你呼出多少空气，肺部总保留着大约0.5升的空气。

* 屏住呼吸一段时间后，留在人体内并溶解到血液中的气体为二氧化碳，因而会导致窒息。

37. 小脑位于哪里？

38. 几乎同一时间由同一母亲生产的三个宝宝称为什么？

39. 胎儿生长在母体的哪个器官内？

40. 如果一种疾病是遗传性的，人们是如何感染上这种疾病的？

41. 婴儿出生前为它提供营养的管状物是什么？

42. 受孕到生产共有几个月？

43. 我们将未得到完全发育就出生的婴儿叫什么？

44. 新生婴儿的主要食物是什么？

45. 你在清醒时还是睡眠时生长得更快？

46. 男孩在变声期声音会有什么变化？

47. 垂体位于哪里？

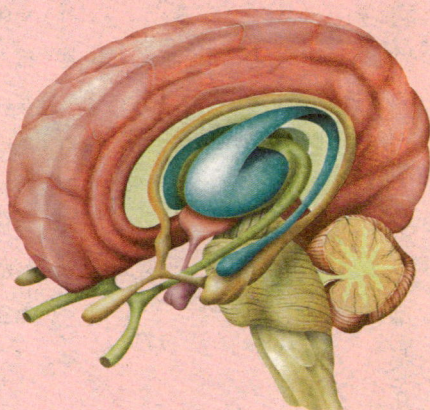

关于血液的一些数字

如这个字母"O"大小的一滴血中含有：

* 大约2000万个红细胞。每个红细胞中都含有名叫血色素的物质，这种物质易于与氧结合从而运送氧。一般的红细胞大约可以存活3个月。

* 大约2万个白细胞。白细胞分很多种，而且大部分白细胞可以攻击细菌和抵抗疾病。有些白细胞仅存活几天，而其他白细胞可以存活几年。

* 100万～200万个血小板或称凝血细胞，它们是止血所需的。

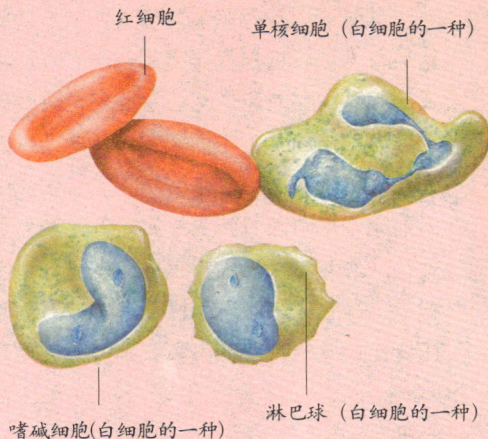

红细胞

单核细胞（白细胞的一种）

嗜碱细胞（白细胞的一种）

淋巴球（白细胞的一种）

🔼 红细胞无法改变自身的形状，但是各种各样的白细胞却可以改变形状，从而攻击入侵人体的细菌。

1．70％	17．32颗	32．受冷
2．脚跟	18．上方	33．双耳
3．解剖学	19．小肠	34．脊髓
4．4个星期	20．视觉、听觉、触觉、嗅	35．小脑
5．500万根	觉和味觉	36．脱氧核糖核酸
6．手指甲和脚趾甲	21．单向流动	37．大脑后方的下边
7．骨头	22．声带	38．三胞胎
8．206	23．受损血管的血液	39．子宫
9．12	24．动脉	40．出生时就已遗传
10．股骨	25．血红细胞	41．脐带
11．肌肉	26．痂	42．9个多月
12．下颌	27．1/3	43．早产儿
13．小腿肌肉	28．反射作用	44．乳汁
14．氧气	29．舌根	45．睡眠时
15．气管	30．视神经	46．变得更为低沉
16．色素沉积状况	31．眨眼可以保持眼睛清洁	47．间脑下方

知识小档案

血管的类型

　　动脉可以从心脏向外运送血液。动脉的血管壁很厚，可以抵挡住伴随每一次心跳而来的血液涌动，并将血液运送至各主要部位或器官。动脉可分支出小动脉，它们只有人体的毛发般粗。纤动脉又分为毛细管，其不足1毫米长，过于薄，因而无法用肉眼看到。氧和营养元素会通过毛细管壁从血液渗入周围组织。众多静脉毛细管联合构成小静脉，以运送缓慢流动的血液。静脉的血压要比动脉的血压低得多。小静脉进而又形成静脉——宽阔、薄壁且松软——并将血液运送回心脏。

　　无论在何时，人体血液的大约66％都位于静脉中，29％位于动脉中，其余的5％位于毛细管中。

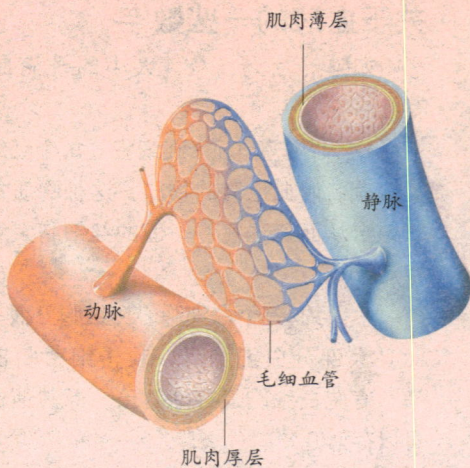

肌肉薄层

静脉

动脉

毛细血管

肌肉厚层

🔼 动脉的血管壁要比静脉的厚而强韧。

32

AROUND THE WORLD

世界各地

　　我们的世界有多种多样的地形，拥有众多国家和文化。人类建造了城市和村庄并生活于其中。有些大洲，例如欧洲，非常拥挤，而天寒地冻的南极洲却一直荒无人烟。北美洲人口不足世界人口的1/10，却拥有最发达的经济。

紫禁城在哪儿？

哪里是非洲的最高峰？

人们为什么要参观马丘比丘？

······

世界

我们生活的世界地形多种多样，拥有众多国家和文化。山脉、河流、沙漠、海洋、雨林、草原以及各种气候都只是地球的一些特征。人类在地球上繁衍生息，建造城市和乡村并生活其中，还开发各种生产生活资料。

亚洲的最高点和最低点在哪里？

亚洲拥有地球的最高峰——珠穆朗玛峰，也拥有陆地最低点——死海。事实上，十大高峰（海拔均在8 000米以上）都位于喜马拉雅山，而且喜马拉雅山也是亚洲最大的山脉。亚洲还有广阔平坦的草原和一望无际的沙漠等等，而地球陆地的最低点便位于死海，其水面低于海平面400多米。

🌐喜马拉雅山脉历经2 500万年终成今天的气势，而且其每年还以5厘米的速度在升高。

世界上最大的沙漠在哪儿？

世界上最大的沙漠是撒哈拉沙漠，它位于非洲的北部。撒哈拉沙漠面积达930万平方千米，横贯非洲大陆以北1/3的陆地。撒哈拉沙漠还在扩张，这源于周围的区域过度放牧所致的沙漠化。这里白天的气温高达50℃，而夜晚却会骤降至冰点。尽管撒哈拉沙漠有时数年不降雨，某些动物和植物却能够适应这种环境而生存下来。

哪个大洲人口最为密集？

有7亿多人口生活在欧洲，而欧洲的面积仅仅略大于澳大利亚，这就使其成为相对自身面积而言人口最为密集的大洲。人口最为密集的区域从

🌐每逢夏季，地中海沙滩上便人满为患，此时大部分欧洲度假者都蜂拥至海边。

↑蜘蛛猿只是亚马孙雨林中发现的众多哺乳动物中的一种。

英国的东南部起，斜穿法国北部并延伸进入荷兰，该区域每平方千米约有410人。而在北美洲的美国每平方千米仅有大约27人。

世界上最大的雨林在哪儿？

位于南美巴西、秘鲁和玻利维亚境内的亚马孙雨林占地600万平方千米以上，那里是1 500多种鱼、22 000多种植物以及数目巨大的昆虫、鸟类、爬形动物和哺乳动物的家园。当地居民和科学家从亚马孙雨林中发现并使用的药用植物就多达2 000种。雨林中还发现了黄金、钻石和橡胶等自然资源。

世界上最寒冷的地方在哪儿？

据记载，1983年7月南极洲东方科学站附近的气温低至−89℃。该大洲的年平均气温也只有−57℃，而且那里98%的陆地都被冰雪覆盖。南极洲冰雪量占世界冰雪总量的90%之多。

世界上最长的珊瑚礁在哪儿？

大堡礁位于澳大利亚东北海岸，覆盖面积35万平方千米以上。2 000多种鱼生存于数千个独立的珊瑚礁之间，而珊瑚礁正是由海洋生物的遗体形成的。部分珊瑚礁的历史长达2 500万年之久。

哪个大洲经历着最为严酷的气候？

北美洲有着最为恶劣的飓风和最厚的积雪，而且那里还是地球上夏天最炎热的地方之一。1998年的"米奇"飓风风速达290千米/小时，造成1.1万人丧生、9.3万多座建筑被摧毁。据记载，该洲最厚的降雪为11.5米，这是1911年在加利福尼亚州测得的数据；同时，位于加利福尼亚的死谷最高气温可达57℃。此外，每年平均有800场龙卷风横扫美国，例如堪萨斯州、密苏里州、艾奥瓦州和内布拉斯加州都会受到龙卷风袭击。

亚洲(一)

不论从陆地面积还是人口数量而言，亚洲都是世界上最大的大洲。亚洲约占地球陆地总面积的1/3，地球上每10个人中就约有6人为亚洲人。亚洲地域辽阔，地形多样，不仅拥有世界上最高的山脉——喜马拉雅山，还有面积广大的平原、沙漠、草原、苔原、北方森林和高原等。

界总人口的1/5。南亚次大陆由印度（人口已超过10亿）、巴基斯坦、孟加拉国、不丹、斯里兰卡、尼泊尔以及马尔代夫7国组成。印度有14种主要语言以及400多种其他语言和方言。在过去的5 000年间，这片土地多次被入侵，由于移民在这里定居，形成了一种多元化的文化。印度孕育了世界上最为流行的宗教之一佛教。这里气候炎热，然而季风会带来强降雨，并且常常导致洪水泛滥。

哪个国家通常被看做一个次大陆?

印度为一个次大陆（南亚次大陆）的主要组成部分，其人口约占世

什么是禅院?

禅院是一个简洁的户外空间，里面包含有天然物质、 质朴的颜色和

1. 亚美尼亚	15. 缅甸
2. 阿塞拜疆	16. 尼泊尔
3. 巴林	17. 朝鲜
4. 孟加拉国	18. 阿曼
5. 不丹	19. 卡塔尔
6. 柬埔寨	20. 新加坡
7. 塞浦路斯	21. 韩国
8. 格鲁吉亚	22. 叙利亚
9. 以色列	23. 塔吉克斯坦
10. 约旦	24. 泰国
11. 科威特	25. 土库曼斯坦
12. 吉尔吉斯斯坦	26. 阿联酋
13. 老挝	27. 乌兹别克斯坦
14. 黎巴嫩	28. 也门

🔵 亚洲政区示意图。

① 禅院中通常种有莲花和低矮的修剪过的树木（例如盆景）。

干净的线条设计，从而营造出一种宁静平和的氛围。禅宗是佛教的一个宗派，约从公元500年起在中国发展，约在公元1100年传入日本，对日本文化产生了深远影响，而且已经在西方国家得到广泛传播。

僧伽罗人居住在哪儿？

僧伽罗人居住在斯里兰卡这个印度次大陆南部的小岛上。斯里兰卡约有72%的人口为僧伽罗人，主要信仰佛教。斯里兰卡最大的少数民族为泰米尔族，其祖先来自南印度，而且大部分信仰印度教。从1802年到1948年，斯里兰卡一直都是英国的殖民地，直到1972年都被称做锡兰。僧伽罗语和泰米尔语是该国两大官方语言，而茶叶是其最有利可图的出口产品之一。

⊙ 很多斯里兰卡人受雇于种植园从事采茶。茶是斯里兰卡主要的出口物资之一。

亚洲（二）

亚洲是很多伟大的古文明的摇篮，例如印度河流域、黄河流域以及底格里斯河和幼发拉底河地区的文明都发源于此。然而到20世纪初为止，很多亚洲国家都沦入欧洲的殖民统治下。日本是亚洲第一个将本国工业西方化的国家，而且到20世纪50年代，日本已经成为世界的主导经济力量之一。

亚洲为什么会拥有世界上几个最富有的国家？

亚洲的财富很大部分来源于以制造业为主的国家（例如日本、中国、韩国、马来西亚和印尼）和石油生产国（例如沙特阿拉伯、文莱和科威特）。以制造业为主的国家人口众多，其中很大部分人工资收入很低，因此亚洲的人均收入要低于欧洲和北美。以石油致富的国家人口较少，因而其人均收入较高。世界上最富有的两个统治者当属沙特阿拉伯的国王和文莱的苏丹。中东的储油量占世界储油总量的65%以上。

紫禁城在哪里？

紫禁城是中国北京古老的皇室庭院。紫禁城呈方形，四周由护城河和城墙包围，中间有众多宫殿。这些宫殿曾是帝王的御用场所，现在已作为博物院向公众开放。

❶北京的故宫曾是帝王的私人庭院，对人民大众以及外国来客而言都很神秘。北京是中国的首都，也是一座有着悠久历史的古都。

❶东京是日本的贸易中心，其很多工业都促使日本成为世界上最富有的国家之一。

38

唯一横跨欧亚两大洲的是哪座城市？

土耳其的伊斯坦布尔横跨欧亚两大洲。它地跨博斯普鲁斯海峡的两岸，而博斯普鲁斯海峡是欧亚两大洲的分界线。该城市位于欧洲部分的面积是亚洲部分的1.5倍。伊斯坦布尔曾名拜占庭（从公元330年起）和君士坦丁堡，而君士坦丁堡是东罗马帝国的首都。1453年被土耳其人占领后，这里便更名为伊斯坦布尔。

⬆ 伊斯坦布尔将欧亚两大洲连在一起。由于欧亚大陆相连，所以也被称为超级大陆。

谁建立了新加坡？

新加坡于1819年由斯坦福德·拉斐尔先生建立。他将曾经的小渔港建成英国的贸易基地，随后这里发展兴盛并成为马来半岛南部一个小共和国。新加坡是一个重要的港口，现在也是繁忙的贸易中心。这里大部分人为华人和马来人。

⬆ 遍布摩天大楼的新加坡是一个岛国，该岛通过堤道与马来半岛相连。

非洲(一)

非洲地域广大，约占地球陆地总面积的20%，仅次于亚洲。非洲由56个国家组成，拥有600多个不同的部落或种族。非洲地形多样，不仅拥有世界上最大的沙漠——撒哈拉沙漠，还有世界上第一长河——尼罗河。非洲还有广阔的热带草原和雨林。

非洲最大的城市在哪儿？

埃及的开罗是非洲最大的城市，人口达700万以上。非洲大陆上的其他著名城市包括阿尔及尔（阿尔及利亚）、拉各斯（尼日利亚）和约翰内斯堡（南非）等。与北非的其他城市相似，开罗市内建有伊斯兰清真寺、露天集市以及高耸的现代建筑。非洲全境的城市都在迅速扩张，这是因为人们大量离开乡村到城镇谋求工作的缘故。

非洲最宝贵的矿藏是什么？

黄金、钻石、煤、石油和天然气是非洲宝贵的矿藏，分布于非洲不同的地方。南非盛产黄金、钻石、煤和钴，阿尔及利亚、利比亚和尼日利亚

1.贝宁	11.利比里亚
2.布基纳法索	12.马拉维
3.布隆迪	13.刚果共和国
4.中非共和国	14.卢旺达
5.吉布提	15.塞内加尔
6.赤道几内亚	16.塞拉利昂
7.冈比亚	17.斯威士兰
8.加纳	18.多哥
9.几内亚比绍	19.突尼斯
10.莱索托	20.西撒哈拉

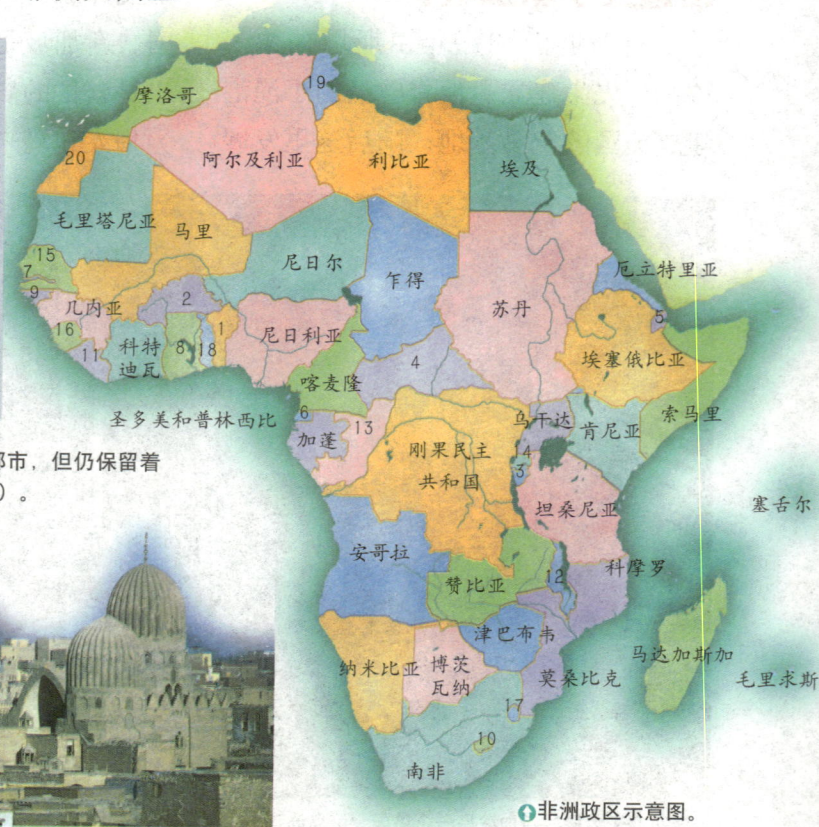

🔄 开罗已发展成一座大型的现代都市，但仍保留着古老的清真寺（穆斯林祷告的地方）。

🔼 非洲政区示意图。

乞力马扎罗山耸立于坦桑尼亚北部的热带稀树大草原上，紧邻肯尼亚边境，冰雪覆盖的山顶清晰可见。它形成于100万年以前。

出产石油和天然气，塞拉利昂也发现了钻石矿，而在赞比亚发现了储量丰富的铜。此外，非洲还出产铁矿石、锡、铝土和锰。

非洲最高峰是什么山峰？

乞力马扎罗山是坦桑尼亚境内的一座休眠火山，海拔5 895米，是非洲最高峰。它虽紧邻赤道但山顶仍终年积雪。它的斯瓦希里语名为"乌呼噜"（Uhuru），意为"自由"。

非洲沙漠面积有多大？

这块炎热的大陆约有40%为沙漠。赤道横穿非洲中部，大部分地方终年炎热。非洲拥有巨大的河流和湖泊，然而其大部分地区都非常干燥，以致沙漠广布。撒哈拉沙漠是世界上最大的沙漠，它横穿北非。非洲西南部还有较小的纳米布沙漠和卡拉哈里沙漠。

什么是"雷声中的烟雾"？

维多利亚瀑布是非洲最负盛名的瀑布，它的非洲名为"mosi-oa-tunya"，意为"雷声中的烟雾"。

"雷声中的烟雾"指赞比西河水奔涌至陡峭的岩壁时飞溅而起的水雾，并因其隆隆声遥远处即可听到且似雷声而得名。该瀑布有108米高，1 500米宽。

图中这段维多利亚瀑布名叫"魔鬼瀑布"。该瀑布是由19世纪的探险家大卫·利文斯敦以英国女王维多利亚的名字命名的，这位探险家游历了非洲很多地区，并在地图上标识出了该大陆不同的地方。

非洲（二）

到 1 9 0 0 年时，非洲几乎完全沦为欧洲国家的殖民地，殖民统治的边界线后来便成为新独立的非洲国家的国界线。从20世纪50年代起，非洲人民开始寻求自治，利比亚于1951年成为非洲第一个获得独立的国家。在南非，白人虽占少数，但直到20世纪90年代一直都由白人掌控政府，实行种族隔离制度。

何为祖鲁族人？

祖鲁族人是生活在南非的一个民族。在19世纪初期，祖鲁族人是一个很小的部落，主要以牧牛为生。一个名叫夏卡的酋长曾带领一支强大的军

➡ 来自南非的祖鲁族战士身穿传统的战袍，一手持短矛，一手拿牛皮盾。一组祖鲁族战士被称为一个"impi"。

队抵抗前来掠夺其土地的布尔人（荷兰殖民者）。 1879年，祖鲁族人在祖鲁之战中败给英荷联军。今天，祖鲁族人都是南非共和国的公民。

马赛人居住在哪里？

马赛人生活在东非的肯尼亚，他们一贯以牧牛为生。马赛男人以仅持长矛即可捕猎狮子的技术而闻名。很多非洲国家拥有众多部落，仅肯尼亚一国就约有50个，其中包括基库尤人的部落，它是肯尼亚最大的部落。

是什么原因导致非洲部分地区闹饥荒？

饥荒由干旱或内战所致。受干旱影响严重的地区有时一两年都不降一滴雨。农民们依赖季节性降雨种植农作物，而降雨缺乏就意味着土地干旱、植被死亡，以致当地人粮食供给严重不足。内战也是导致饥荒的原因之一，因为内战打乱了耕作和贸易的规律，增大了某些地区闹饥荒的可能性。

非洲的野生动物园为何如此重要？

游客们蜂拥而至野生动物园观赏种类繁多的野生动物，因而旅游业成为非洲国家的主要收入来源之一。

狮子、长颈鹿、犀牛、大象、河马和羚羊等等都可以在横跨非洲的野生动物保护区内见到，保护区可使动物们免遭偷猎者的毒手——这些偷猎者会为了象牙射杀大象，为了犀牛角捕杀犀牛。过去人们常去非洲探险以捕捉"大猎物"，现在这些"大猎物"中很多都濒临灭绝，因而要在野生动物园中对其进行保护。

是哪位非洲黑人领袖为结束种族隔离制度而战？

　　纳尔逊·曼德拉为结束种族隔离制度而战，结果入狱26载。种族隔离制度是南非实行的一种社会制度，将黑种人和白种人隔离开来。1964年，曼德拉作为ＡＮＣ（非洲国家议会）的一名高级成员而被判入狱。1990年，南非总统德·克勒克释放了曼德拉。

廷巴克图在哪里？

　　廷巴克图是非洲国家马里境内撒哈拉沙漠南部一个古老的贸易城市。它的名字意为"布克图的地方"，据传说，一个名叫布克图的奴隶曾留在那里看守主人的货物。廷巴克图曾经富有而繁盛，是依靠骆驼运输黄金和盐横穿撒哈拉沙漠的商旅休息的驿站。

●1994年，曼德拉成为南非历史上第一位黑人总统，在他的领导下，种族隔离制度逐渐开始瓦解。

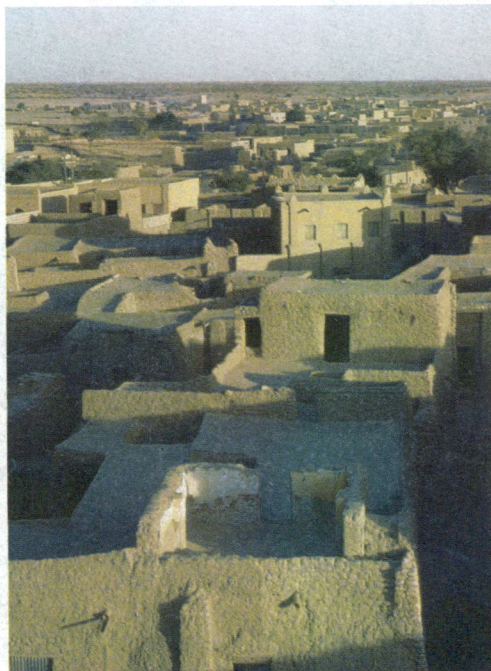

❶在南非、坦桑尼亚和肯尼亚野生动物园，游览的旅客会发现许多大型的猫科动物，例如图中的猎豹。

❶很多廷巴克图人都居住在传统的由泥和砖建造的房子里。

欧洲(一)

欧洲是除大洋洲外最小的大洲，却是人口最为密集的大洲。在各大洲中，欧洲的海岸线最长（达6万千米以上），北部和南部环山，在其包围之中的为中央大平原。欧洲有45个独立的国家，有些地域广阔（例如俄罗斯、乌克兰、法国和西班牙），有些面积狭小（例如列支敦士登）。

欧洲的边界在哪里？

欧洲三面环海（北部、西部和南部），东与亚洲接壤。欧亚两大洲之间有天然的陆地屏障为界，这便是俄罗斯境内的乌拉尔山脉和里海。欧洲和非洲大陆之间以直布罗陀海峡相隔，该海峡位于非洲的摩洛哥和欧洲的西班牙之间。

斯堪的纳维亚包括哪些国家？

斯堪的纳维亚是北欧一个地区，

1. 阿尔巴尼亚
2. 安道尔
3. 比利时
4. 波斯尼亚和黑塞哥维那
5. 克罗地亚
6. 爱沙尼亚
7. 拉脱维亚
8. 列支敦士登
9. 立陶宛
10. 卢森堡
11. 马其顿
12. 摩尔多瓦
13. 荷兰
14. 斯洛文尼亚
15. 瑞士
16. 南斯拉夫
（现已分为塞尔维亚和黑山两个共和国）
17. 马耳他
18. 梵蒂冈
19. 摩纳哥

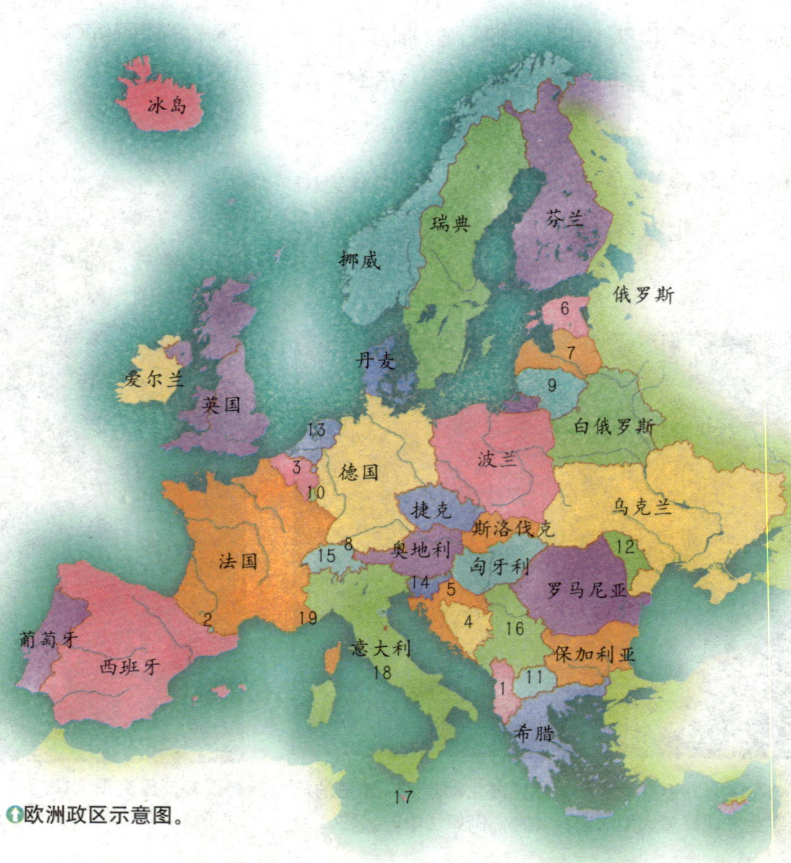

↑欧洲政区示意图。

这个地区拥有共同的地理和历史。位于斯堪的那维亚地区的国家包括挪威、瑞典、丹麦、芬兰和冰岛，而冰岛是大西洋上的一个小岛。斯堪的纳维亚国家以其海湾地形（挪威）、湖泊（瑞典）、森林（芬兰）、繁忙的渔港（丹麦）以及炎热的春季（冰岛）而闻名。

欧洲最大的国家是哪国？

俄罗斯地域广阔，横跨欧亚两大洲。从严格意义上说，俄罗斯只有一部分属于欧洲。即便如此，俄罗斯仅位于欧洲部分的面积就达470万平方千米，有欧洲第二大国家乌克兰7倍之大。随后便是法国、西班牙和瑞典。

哪国人在曾是海洋的陆地上生活？

荷兰人。荷兰一词意为"低地国家"，该国地势非常低，因而修建了海堤或海渠以阻止海水淹没陆地，还将海水从受淹地区抽出，将碱性的沼泽地改造为肥沃的农田。这种改造过来的土地被称为开拓地。荷兰约有40%的土地是围海造田而来，其中有25%用于建造房屋和公路。将一片土地上的水抽干并使其适于耕作和建筑大约需要8年的时间。

圣彼得堡是俄罗斯的第二大城市，自称拥有世界最大的艺术长廊——埃尔米塔什博物馆（下图）及著名的歌剧和芭蕾舞剧场。

不列颠群岛由几个国家组成？

不列颠群岛由两个独立的国家组成：英国和爱尔兰。英国由大不列颠岛（岛上有英格兰、苏格兰和威尔士）和北爱尔兰（爱尔兰岛的一部分）组成。

商人们修建了100多条运河，贯穿荷兰的阿姆斯特丹市。

欧洲(二)

欧洲是古希腊和古罗马文化的摇篮，后来，欧洲的观念和技术由探险家、商人和帝国缔造者传播到其他大洲。欧洲是历经工业革命最早的大洲，也是两次世界大战的发源地。这两次世界大战分别发生于1914~1918年以及1939~1945年。自1950年起，欧盟成为欧洲的主导经济力量。

克里姆林宫在哪个城市？

克里姆林宫是俄罗斯首都莫斯科中世纪时的中心，那里曾经是沙皇的城堡。那里第一个木制堡垒始建于

📍圣巴索大教堂因其众多洋葱头形圆顶而成为莫斯科的标志性建筑物之一。

800年前，现在外围的城墙可追溯至15世纪初。克里姆林宫周围兴建了很多大教堂和宫殿。1917年，克里姆林宫成为前苏联政府的总部，该政府于1991年瓦解。

直布罗陀岩山在哪里？

直布罗陀岩山是一个岩石地界标，位于西班牙北部地中海和大西洋的汇合之处。约有3万人居住在直布罗陀，这里一直由阿拉伯人和柏柏尔人－摩尔人以及西班牙人控制，直到1713年，才根据条约归至英国的管制之下。西班牙想要回直布罗陀，但是当地人投票坚持归属英国。

📍直布罗陀岩山是一块426米高的巨大石灰石。直布罗陀曾经是重要的海军基地，现在已成为旅游胜地。

欧洲最小的国家为哪国？

梵蒂冈是欧洲同时也是世界上最小的独立国家，它是世界天主教中心。梵蒂冈城的居民仅有1 400人，然

而不仅有自己的警力，还有教皇的护卫军——瑞士卫兵，他们身穿传统的制服。梵蒂冈有自己的国歌、邮票、钱币、国旗以及广播电台。

欧盟是如何创立的？

欧盟是由众多欧洲国家自20世纪50年代起根据签订的一系列经济协议发展而来的，其缔造国包括法国、德国、意大利、荷兰、比利时和卢森堡。随后有很多国家加入欧盟，到目前为止，欧盟已有27个成员国，并拥有自己的议会。某些成员国还通用同一种货币（即欧元）。

心脏。2000多年前，罗马人占领了欧洲大部分地区，将其法律和文化强加于受其统治的人民身上，这对后来的欧洲历史产生了巨大的影响。某些古罗马建筑的遗迹，例如罗马圆形大剧场和万神殿今天仍然屹立在意大利的首都罗马。

某些欧盟成员国曾讨论创建一个欧洲联邦并以现在的欧盟旗帜为联邦旗帜。然而，大部分成员国更愿意维持民族独立，希望保持本国的国旗和货币。

欧洲的哪个城市曾经是罗马帝国的心脏？

意大利的罗马曾经是罗马帝国的

罗马圆形大剧场曾是古罗马最大的竞技场，高49米，直径为157米，内部可容纳8万名观众。

北美洲(一)

北美洲是世界第三大洲，北起北极圈附近的格陵兰岛和阿拉斯加州，纵贯加拿大和美国，南至墨西哥和加勒比群岛。北美洲的地形包括寒冷的北极地区、高耸的山脉（例如落基山脉）、广阔的平原或草原（现已开垦种植谷类作物）、森林、巨大的河流以及五大湖。

北美最大的国家是哪国？

加拿大占地997万多平方千米，是北美最大的国家。美国仅次于加拿大，占地937万平方千米，然而加拿大的人口仅为美国总人口的11%。加拿大与其南部邻国美国共有6400千米长的国界线。落基山脉从加拿大向南部延伸近5000米，一直深入美国境内。

美国各州

亚拉巴马州	路易斯安那州	俄亥俄州
阿拉斯加州	缅因州	俄克拉何马州
亚利桑那州	马里兰州	俄勒冈州
阿肯色州	马萨诸塞州	宾夕法尼亚州
加利福尼亚州	密歇根州	罗得岛州
科罗拉多州	明尼苏达州	南卡罗来纳州
康涅狄格州	密西西比州	南达科他州
特拉华州	密苏里州	田纳西州
佛罗里达州	蒙大拿州	得克萨斯州
乔治亚州	内布拉斯加州	犹他州
夏威夷州	内华达州	佛蒙特州
爱达荷州	新罕布什尔州	弗吉尼亚州
伊利诺伊州	新泽西州	华盛顿州
印第安那州	新墨西哥州	西弗吉尼亚州
艾奥瓦州	纽约州	威斯康星州
堪萨斯州	北卡罗来纳州	怀俄明州
肯塔基州	北达科他州	

❶北美洲政区示意图。

1. 安提瓜和巴布达
2. 阿鲁巴岛
3. 巴哈马群岛
4. 巴巴多斯岛
5. 伯利兹城
6. 百慕大群岛
7. 多米尼克
8. 多米尼加
9. 萨尔瓦多
10. 格林纳达
11. 瓜德罗普岛
12. 海地
13. 马提尼克岛
14. 蒙特塞拉特岛
15. 波多黎各
16. 圣基特和圣尼维斯岛
17. 圣卢西亚岛
18. 圣文森特岛和格林纳丁斯群岛
19. 特立尼达和多巴哥
20. 维尔京群岛
21. 危地马拉
22. 洪都拉斯
23. 尼加拉瓜
24. 哥斯达黎加
25. 巴拿马

4 位美国总统的石头雕像在哪里?

在美国南达科他州南部的布莱克山上,一位名叫加特森·鲍格勒姆的雕刻家在拉什莫尔山的花岗岩上雕刻了4位美国总统的头像。每个头像约有18米高,在近100千米外仍可辨认。拉什莫尔山国家纪念碑的雕刻工作始于1927年,一直持续到20世纪60年代才竣工。

● 拉什莫尔山国家纪念碑上雕刻的4位总统分别为(从左到右)乔治·华盛顿、托马斯·杰斐逊、西奥多·罗斯福以及亚伯拉罕·林肯。

纪念谷在哪儿?

纪念谷位于美国西部犹他州和亚利桑那州的接壤处。在纪念谷可以看到美国某些最壮观的景象。千万年来,巨大的砂岩峭壁被风雨侵蚀,呈现出奇特的景观,这使纪念谷成为拍摄西部电影的理想场所。

尼亚加拉瀑布在哪儿?

尼亚加拉瀑布位于加拿大和美国交界的尼亚加拉河中段,高特岛将瀑布隔成两部分:位于加拿大一侧的马蹄瀑布和位于美国一侧的美国瀑布。马蹄瀑布宽792米,高51米;美国瀑布宽305米,高约54米。大部分(约85%)河水从马蹄瀑布倾泻而下。每年有数以百万计的游客前往瀑布参观,使这里成为一个旅游胜地。

● 尼亚加拉河水倾泻至一个峡谷,飞溅而起的水花和飞沫升腾至空中,经常会形成彩虹。

北美洲(二)

北美洲国家众多，文化传统各异。加拿大和美国都与英国有历史渊源，然而加拿大也有不少人说法语。两国都有印第安人以及来自非洲、亚洲和欧洲的移民，其中印第安人至今还保留着传统的文化和语言。在墨西哥，官方语言为西班牙语，这是由历史原因形成的。

阿兹特克人和玛雅人是何许人？

阿兹特克人是约公元1300年起生活在今天的墨西哥的一个土著民族，阿兹特克人建造了一个名叫特诺奇蒂特兰的城市，这里便是今天墨西哥城的所在地。1521年，西班牙人征服了

❶奇琴伊察是中美玛雅人一个古老的圣地，位于今墨西哥境内。玛雅人在自己的城市内建了许多阶梯状金字塔式的神殿。

阿兹特克人，并摧毁了他们的神殿。玛雅人是中美洲和墨西哥印第安人的一支，主要从事农耕，他们兴建了巨大的石头建筑和金字塔神殿，冶炼金和铜，使用一种象形文字，并创立了自己的历法。每一个玛雅王国都有一个完全由石头建造的首都。公元250年左右至公元900年，是玛雅文化的发展鼎盛时期，此后急速衰落，到1492年哥伦布发现美洲大陆之前，这个民族已经集体消失。

巴拿马运河在哪儿？

巴拿马运河于1914年开通，为大西洋和太平洋之间的海运提供了一条捷径。巴拿马运河有81千米长，可使船只免去从南美南端绕行的麻烦并可缩短12 000千米以上的行程。该运河横贯巴拿马地峡开凿，该地区当时丛林密布，气候炎热。

加勒比海因何得名？

当西班牙探险者于1492年从欧洲到达新大陆时，将发现众多岛屿的那片海称为"加勒比海"，而"加勒比"取自当地居民加勒比人。加勒比人是定居在我们今天称之为"西印度群岛"的众多岛屿以及南美大陆的土著人。在当初的几年之内，加勒比人不是死于战争、沦为奴隶就是感染欧

↑加勒比海位于大西洋。加勒比群岛属于热带气候，很多岛屿由火山岩或珊瑚礁形成，很多海滩是优良的旅游休闲胜地。

洲人携带来的病毒而死。今天的加勒比人大多是非洲和欧洲人的后裔。

格陵兰岛(Green Land)因何得名？

当斯堪的纳维亚人航海中初次见到该岛屿尤其是绿色的草地时大受鼓舞，于是定居下来，并称这里为Green Land，意为绿色的土地。这也鼓舞了其他人追随而来在此定居。今天，大部分格陵兰岛都呈白色而非绿色，这是由于整个岛屿几乎都被冰雪覆盖的缘故。在夏天，也只有海岸边才有少量的绿色植被。

谁是美洲最早的居民？

北美洲最早的居民为印第安人和因纽特人，其中因纽特人的祖先大概于最后一个冰河世纪前从亚洲来到这里。当欧洲人于16世纪入侵时，印第安人为了保卫家园曾进行了顽强的抵抗。今天的印第安人还不足北美总人口的1%。今天的北美人大多是非洲、亚洲和欧洲人的后裔。

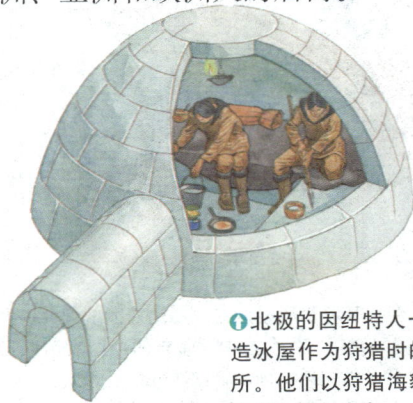

↑北极的因纽特人一直都建造冰屋作为狩猎时的临时住所。他们以狩猎海豹等以及在海上捕鱼为生。

51

语言和习俗

世界上至少有4 000种语言。讲同一语言的人可能拥有相同的习俗，但是一些习俗（例如新年或生日庆祝）对全世界人民都通用。在所有的人类社会，人们都会以一定的方式庆祝或祭奠季节更替、生命成长和重大事件（例如婚丧嫁娶）。每种文化或每个民族都有其独特的节日。

习俗如何变化？

有些习俗和节日历史悠久，最初

❶中国人会在其春节燃放烟花、舞动彩龙庆祝——龙在中国寓意吉祥。使用达4 000多年的中国农历以12种动物命名年份，这12动物依次分别是：鼠、牛、虎、兔、龙、蛇、马、羊、猴、鸡、狗以及猪。

的用意有时已被遗忘。万圣节前夕是一个与冬季和黑暗开始有关的古老节日，中世纪的基督教信徒则使之成为一个宗教节日（11月1日），今天的美国和英国的基督教信徒仍在庆祝这个节日。然而今天，万圣节前夕也是年轻人装扮成鬼怪大玩"不请客就捣蛋"游戏的夜晚。

哪种语言使用人口最多？

标准汉语或称普通话是使用人口最多的语言。然而讲英语的国家最多，英语已传播至每一个大洲。语言会在讲述的过程中不断变化和丰富，新的词汇层出不穷。如果一种语言不再被使用，就会销声匿迹。拉丁语是古罗马人的语言，现已极少使用，然而人们仍在阅读和研究拉丁文写成的书籍。语言最初是从基本的音节缓慢发展而来的，语法、词汇和语音模式都随着语言的结构发生变化。

象形文字是以图形标记并记录事物的文字。埃及人使用象形文字的历史达3 000多年，他们将其铭刻在寺庙墙壁上。

人们何时开始使用文字？

已知最早的文字是苏美尔人的楔形文字，它可以追溯到约6 000年前。最古老的字母表源于巴勒斯坦地区的乌加里特古城，其历史可追溯至公元前1450年。字母表是代表讲话时不同发音的字母符号的集合。

世界各地的习俗存在差异吗？

习俗因国家或文化而异。世界上某些地方，例如泰国，在主人家里盘腿被视为侮辱性行为。在巴西，向当地人用拇指和食指做"O"形手势是一种挑衅行为，而在很多地方，这表达的是满意的含义。

饮茶在哪儿是一种礼仪？

在日本，饮茶是一种重要礼仪，得严肃对待。这种礼仪被称为"茶道"，是一种有着严格规则的正式礼仪，通常会在特定的房间内进行。茶用特殊的器皿泡制而成，倒入碗中供每位客人饮用。每个人都要保持镇定安静，意图就在于在简单平常的行为中发现优雅和深意。

不同语言间有联系吗？

大部分语言都有归属的语系，但是也有特例，例如巴斯克语——该语言在西班牙北部地区使用。人们曾认为韩语与其他任何语言都没有联系，但是经常会有争论说它属于阿尔泰语系。英语是从"印欧"母系语言演化而来的，属于该语系的日耳曼语支，与英语属于同一语支的还有德语、荷兰语以及瑞典语。威尔士语属于凯尔特语支，而法语和西班牙属于诺曼语支。

日本的茶道通常都在正式的场合下进行，例如宴请重要的外国宾客或者作为婚宴的一部分。人们此时要穿着最好的服装，而且在餐饮后通常会有演讲。

测试时间

● 1.哪个大洲的人口较多：南美还是非洲？

● 2.哪个海分隔欧洲和北非？

● 3.中东的储油量占全球总储量的百分之多少？

● 4.紫禁城位于中国何处？

● 5.富士山在哪个国家？

● 6.以下国家中哪个不在非洲：阿富汗、贝宁还是苏丹？

● 7.君士坦丁堡现在叫什么？

● 8.哪座城市建有玉佛寺？

● 9.斯里兰卡使用哪种货币：美元、英镑还是卢比？

● 10.你在哪个国家可以发现乌拉尔山脉？

● 11.南非最大的城市是哪个？

● 12.除埃及外，请说出尼罗河流经的另外两个国家中的一个。

● 13.这面旗帜代表欧洲哪个国家？

知识小档案

地球统计数据

人口：60亿以上

最大的大洲：亚洲，1740万平方千米

最高峰：亚洲的珠穆朗玛峰

流域最广的河：南美的亚马孙河，705万平方千米

最大的湖：里海，37.1万平方千米

最大的沙漠：非洲的撒哈拉沙漠，930万平方千米

国际组织

很多国家联合起来组建国际组织，在全世界范围内提供法律等方面的援助，还利用成员国的资源向处于战乱或自然灾害中的国家提供帮助。联合国便是这样一个国际组织，它建立于1945年，试图消除国家间的争端。

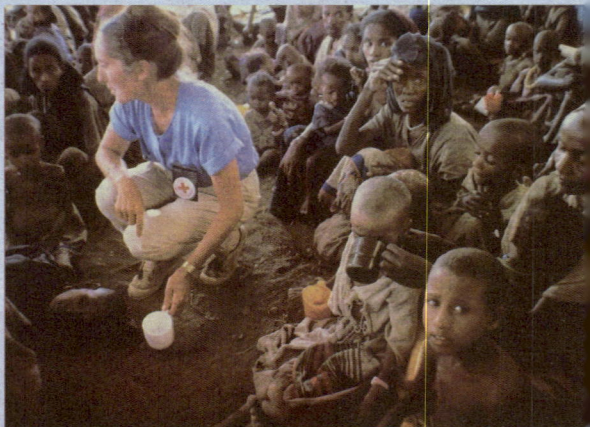

⬆ 红十字会的工作人员周游世界，到遭遇战争、干旱、饥荒或洪灾的地区提供住宿、食物和医疗等方面的援助。

● 14. 在哪个大洋可以发现桑给巴尔岛？

● 15. 克鲁格国家公园位于哪个非洲国家？

● 16. 内罗毕是哪个非洲国家的首都？

● 17. 国际红十字会的总部在哪个城市？

● 18. 五个斯堪的纳维亚国家的名字分别是什么？

● 19. 哪个欧洲小国举行国际汽车大奖赛、网球公开赛以及"玫瑰晚宴"（一种慈善活动）？

● 20. 法国和英国哪个国土面积更大？

● 21. 你在哪国会发现埃特纳火山？

● 22. 缩写词"EU"代表什么含义？

● 23. 欧盟现有多少个成员国？

● 24. 哪条瀑布位于美国和加拿大的接壤处？

● 25. 北美海拔最高的是哪个湖泊？

● 26. 南极洲有记载的极端最低气温是多少度？

● 27. 图中著名的歌剧院位于澳大利亚哪座城市？

地理知识集锦

* 据估计，世界人口以大约每天36万人的速度增长。

* 每天约有15万人死亡。

* 在世界不同地区，每天大约有1 000次轻微地震。

* 美国大峡谷是世界上最大的峡谷，有349千米长。

* 据记载，世界最高气温出现于1922年的利比亚，当时阴凉处的气温都有58℃之高。

* 欧洲的瑞典至少有9万个湖泊，这些湖泊形成于10万多年前的最后一个冰河世纪。

* 太平洋上星罗棋布的岛屿达3万个之多。

* 欧洲斯堪的纳维亚半岛北部某些地区夏天会出现极昼，而冬天会出现极夜。

* 位于哈萨克斯坦和乌兹别克斯坦之间的咸海面积正在缩小，这是因为人们用湖泊中的水灌溉农作物的缘故。现在的咸海只有最初的1/3大小。

* 麦克默多是南极洲上的一个社区，那里有咖啡馆、电影院和教堂，为人们夏季到此参观提供服务。

* 地壳板块以每年1.25～10厘米的速度在海洋底部移动。

28. 位于维多利亚冰川前方、原名翡翠湖的是加拿大哪个湖泊？

29. 世界上最大的西班牙语城市是哪个？

30. 锡兰是对哪个国家的旧称？

31. 基督救世主的雕像位于南美的哪个城市？

32. 格陵兰岛（Green Land）名称的原意是什么？

33. 巴拿马运河于哪一年正式开通？

34. 古代城市特诺奇蒂特兰是由什么人建成的？

35. 莫尔兹比港是哪国的首都：斐济、巴布亚新几内亚还是塔希提岛？

36. 几维是哪个国家的国鸟？

37. 图中这面旗帜为哪个欧洲国家的国旗？

38. 新加坡的主要人口是什么人？

39. 伊斯坦布尔横跨哪个海峡的两岸？

40. 非洲最大的城市是哪个？

知识小档案

政府或国际组织关键年份

公元前3500年　首个地方政府出现，国王成为最高统治者。

公元前5世纪初　希腊城邦设立了只有男性议员的民主议会以制定法律。

公元前100年　罗马帝国开始向欧洲、北非和中东的大部分地区扩张。

公元9世纪初　在欧洲，国王由贵族组成的国会推举产生。

1500年　文艺复兴思潮开始挑战皇权。

1649年　英国议会处死国王查理一世。

1776年　美国独立战争爆发，美利坚合众国随后诞生。

1789年　法国大革命推翻君主政体。

20世纪初　大部分国家的女性都赢得了选举权（妇女解放）。

1945年　联合国成立，作为一个国际性政府机构力求制止更多的世界性战争。

2007年　欧盟已拥有27个成员国，设有议会和法庭，其中法庭凌驾于某些国家的法律之上。

● 41. 乞力马扎罗山海拔有多高？

● 42. 非洲第一个获得独立的国家是哪个？

● 43. 欧洲哪个国家的围海造田工程规模最大？

● 44. 世界天主教的中心在哪里？

● 45. 巴西的最大城市是哪个？

● 46. 南美洲国土最狭长的国家是哪个？

● 47. 澳大利亚的羊毛产量占世界总产量的几分之几？

● 48. 面积最大的海湾国家是哪个？

● 49. 图中的建筑叫什么名字？

"民主"进程

* "议会"一词在英国的使用可以追溯至1241年。

* 1903年，新西兰成为第1个授予女性与男性同等选举权的国家。

* 1945年4月30日，希特勒绝望自杀，德国纳粹独裁统治正式垮台。

* 葡萄牙于1974年爆发"上尉革命"，推翻了西欧历史上持续时间最长的独裁统治。

* 1986年爆发的海地"二月风暴"推翻了统治海地28年之久的杜瓦利埃"现代王朝"。

华盛顿特区的最高法院。由9位法官裁定联邦、州和地方政府是否遵照美国宪法行事。

答　案

1. 非洲
2. 地中海
3. 65%
4. 北京
5. 日本
6. 阿富汗
7. 伊斯坦布尔
8. 泰国曼谷
9. 卢比
10. 俄罗斯
11. 约翰内斯堡
12. 苏丹或乌干达
13. 保加利亚
14. 印度洋
15. 南非
16. 肯尼亚
17. 瑞士的日内瓦

18. 丹麦、芬兰、冰岛、挪威和瑞典
19. 摩纳哥
20. 法国
21. 意大利
22. 欧盟
23. 27个
24. 尼亚加拉瀑布
25. 黄石湖
26. −89℃
27. 悉尼
28. 路易斯湖
29. 墨西哥城
30. 斯里兰卡
31. 里约热内卢
32. 绿色的土地
33. 1914年

34. 阿兹特克人
35. 巴布亚新几内亚
36. 新西兰
37. 瑞士
38. 华人和马来人
39. 博斯普鲁斯海峡
40. 开罗
41. 5 895米
42. 利比亚
43. 荷兰
44. 梵蒂冈
45. 圣保罗
46. 智利
47. 1/4
48. 沙特阿拉伯
49. 埃尔米塔什博物馆

知识小档案

重要日期

1月1日	新年	7月11日	世界人口日
2月14日	情人节	9月8日	国际识字日
3月8日	国际妇女节	9月21日	国际和平日
3月21日	国际诗歌日	9月27日	世界旅游日
3月22日	世界水日	10月5日	国际教师节
4月7日	世界卫生日	10月16日	世界粮食日
4月22日	世界地球日	10月24日	联合国日
5月1日	劳动节	12月1日	世界艾滋病日
5月3日	世界新闻自由日	12月2日	国际废奴日
6月1日	国际儿童节	12月3日	世界残疾人日
6月5日	世界环境日	12月9日	世界足球日
6月20日	世界难民日	12月25日	圣诞节

世界奇迹

　　世界充满或天然或人工的神奇景象。非洲这个野生动物的天堂是很多保护动物的家园，而北美的科罗拉多河水之迅急造就了大峡谷。许多个世纪以来，人们修建了雄伟的纪念碑和其他各种伟大建筑，某些遗迹或遗址仍然让今天的人们叹为观止。

金字塔是如何修建的？

史前巨石阵建造的目的何在？

谁的坟墓揭秘出一宗失落的宝藏？

······

古代世界的奇迹

修建于公元前3 000年到公元前200年的七大建筑被称为古代世界的七大奇迹。古时的人旅游时必须不远万里、不惧艰险。横跨欧洲、北美和东亚，这里便是希腊人和罗马人所说的"文明世界"，而正是希腊人和罗马人首次罗列出"七大奇迹"。

⬀ 亚历山大市的法罗斯灯塔是如此知名，以至于"法罗斯"一词已具有"灯塔"的含义。

⬀ 摩索拉斯陵墓。"摩索拉斯"一词的含义渐渐演化为"巨型陵墓"。

哪个神被称为万神之神？

宙斯。宙斯被尊为万神之神，古希腊人认为他生活在奥林匹斯山上。奥林匹斯山上雄伟的宙斯神像高12米（真人的6倍大小），由象牙和黄金雕刻而成。人们经常参观宙斯神庙，瞻仰宙斯神像。宙斯神像约于公元前435年由古希腊最伟大的雕刻家菲迪亚斯雕刻而成。

摩索拉斯陵墓在哪里？

这是一座大理石陵墓，约于公元前353年修建于哈利卡那苏斯（位于今天的土耳其西南部）。它是专为波斯帝国一个省的统治者摩索拉斯修建的。这座美轮美奂的陵墓由来自希腊的建筑师和雕刻家共同完成，高高的陵墓顶上（离地面40多米）是摩索拉斯王驾驶战车的雕像。

⬆ 宙斯神庙中的宙斯坐在黄金宝座上，佩戴着黄金饰物，十分高大传神。

哪个奇迹在顶部有烟火？

位于埃及亚历山大市的法罗斯灯塔。这是一座修建在岛上的巨型塔楼，可作为灯塔指引船只进出港口。灯塔高122米，工人们保持灯塔顶上的火焰一直不熄灭，以照亮海面。它屹立在那里已约有1500年之久。

哪个神被供奉在以弗所的神庙？

希腊女神阿耳特弥斯。在今日土耳其西海岸的以弗所城矗立着一所宏伟的大理石神庙，里面供奉着阿耳特弥斯。在希腊神话中她是万神之神宙斯的女儿，她不仅是分娩之神，还是狩猎女神。

🔼 位于以弗所的阿耳特弥斯神庙约于公元前550年竣工，在公元前356年一场大火后重建。神庙有106根圆柱，每根圆柱约有12米高。

最具神秘色彩的奇迹是哪个？

巴比伦的空中花园。这座花园可能位于伊拉克的巴格达附近。花园建造400年后，有位牧师在作品中将它描述得好似金字形神塔，梯形平台上种有树木和其他植物。有个故事中讲

🔼 空中花园想象图。当时人们可能从幼发拉底河上抽水灌溉空中花园梯形平台上种植的花草树木。

到国王尼布甲尼撒二世因为爱妻思念多山家乡的一草一木，于是兴建了这座空中花园以博爱妻一笑。

哪个奇迹被当做废品变卖？

屹立于爱琴海上罗得岛港口的一尊巨型铜像，它是太阳神赫利俄斯的雕像，约有27米高，被称为"罗德岛巨人雕像"。建造师使用石块和铁条支撑中空的雕像。公元7世纪初，即地震使巨人像倾倒800年后，雕像里的铁被当做废铁变卖了。

🔽 罗德岛人建了一尊巨型雕像以纪念他们于公元前3世纪初击退入侵者的胜利。

迷雾重重的金字塔

古代世界的七大奇迹中，只有埃及的金字塔还保持着原有的辉煌。金字塔是古代世界七大奇迹中历史最悠久且规模最为宏大的。

为何要修建大金字塔？

金字塔是作为埃及国王的陵墓而建的。埃及人认为人死后会在另一个世界继续生活，因此大金字塔内设有墓室，墓室内安放着国王的遗体，随葬的有国王在另一个世界可能会用到的各种物品。胡夫王的金字塔内密闭的墓室中满是金银珠宝。

🔵金字塔和狮身人面像。

什么人认为修建金字塔纯属浪费钱财？

古罗马人。他们为埃及金字塔的宏大而震撼，但他们认为这是家产万贯、奴隶无数的埃及国王无所事事的表现。罗马人一般将钱财花费在建造公路等有意义的工程上。

共有多少座金字塔？

今天，在埃及的尼罗河畔可以见到35座金字塔遗迹，其中最著名的当属矗立在首都开罗市附近吉萨城的3座巨型金字塔。这3座金字塔是分别为埃及3位非常有权势的国王修建的。这3位国王分别为胡夫王、哈夫拉王以及门卡拉乌拉王。

🔵胡夫金字塔位于埃及尼罗河畔的吉萨城。

金字塔是如何修建的？

古埃及人没有机械，也没有铁制工具，因而他们只能利用铜凿子和铜锯切割巨型石头。大部分石头取自附近的采石场，但也有石头由船只沿着

❶修建金字塔的过程是非常艰辛的，耗费了大量的人力和物力。

尼罗河运送而来。成群的工人沿着长长的由土和砖铺就的斜坡运石头，金字塔便是这样缓缓升高的。最终，在金字塔的外层再砌上白色的石头，这样金字塔在沙漠炙热阳光的照射下便闪闪发光了。

只有埃及存在金字塔吗？

不是，在美洲也有金字塔。古代墨西哥和中美洲的人民修建了顶部有庙宇的阶梯形金字塔，墨西哥特奥蒂瓦坎古城的太阳金字塔的规模比埃及的大金字塔还要大。这座巨型金字塔已有1 500多年的历史。古代南美的秘鲁人也修建过金字塔。

什么是阶梯金字塔？

古埃及的第1座金字塔于公元前

2650年为国王佐瑟修建，它被称为阶梯金字塔，因为它沿层层巨大的台阶逐渐增高。阶梯金字塔位于孟斐斯古城遗址上。后来的金字塔表面都砌上了石头，于是每个面都变得很光滑。不过今天金字塔的表面看起来已经被磨损和侵蚀得很粗糙了。

❶古埃及的阶梯金字塔看上去很像修建于美索不达米亚（即今天的伊拉克）的金字型神庙。金字塔下是由地道、走廊和房间构成的迷宫。

63

希腊和罗马的奇迹

希腊人以高超的建筑艺术而闻名，他们不仅善于建造庙宇和宫殿，建造剧院和竞技场也很在行，而且还是了不起的雕刻家。罗马人在效仿希腊建筑的基础上进行了改进，圆屋顶就是一个很好的例子。罗马人还仿效希腊人雕刻出栩栩如生的铜、大理石、金和象牙质的雕像。

希腊人为什么要修建庙宇？

但凡有希腊人定居的地方都会修建庙宇以供奉他们信仰的众神。每个神庙内都有一个特定的神像，人们来到神庙向神敬献礼物或祈求神的帮助。祭司们负责照看神庙内的神像。

哪座罗马古城在炙热的灰烬中消失？

一个名叫庞贝的古罗马港口，它位于火山脚下不远处。公元79年，维苏威火山突然爆发，炙热的岩浆夹杂着石块和灰烬如暴雨般降落到庞贝。岩浆和灰烬将古建筑保留了下来，所以今天你还能在庞贝古城遗址的街道上穿行。

卫城在哪里？

卫城位于希腊雅典一座山上坚实的平台上。"卫城"一词意为"高耸之城"。很多希腊古城都围绕卫城修建，卫城成了人们在国家遭入侵时的避难之所，而且最神圣的建筑大多都修建在卫城上。其他希腊城市有的也建有卫城，但以雅典的卫城最为著名。在卫城顶上，雅典人修建了宫殿和神庙，最著名的神庙——帕特农神庙的遗迹还依然屹立在那里。

哪根罗马圆柱讲述了一段历史？

屹立于罗马的图拉真纪念柱。它是一根高大的石头圆柱，于公元113年建起，以纪念罗马帝王图拉真征服

● 帕特农神庙坐落于卫城顶上。希腊人认为雅典娜女神正在此注视着雅典城。

达奇亚。圆柱内有螺旋形的楼梯，而外侧覆以雕刻的图画，讲述罗马军队是如何在图拉真的率领下攻占达奇亚（现在的罗马尼亚和匈牙利）的。

罗马人为什么要修建水道？

是为了让城镇得到淡水供应。罗马工程师设计修建了管道和拱形桥（拱形桥也称为架高的水道），将山间溪流的水引入城市。罗马最著名的水道当属加尔桥，约于2 000年前建造于法国南部。它共有3层，最上面一层引水。

❶图拉真圆柱上的浮雕向我们展示了罗马将士的着装以及赴战场时使用的装备。

罗马圆形大剧场因何得名？

罗德岛巨人雕像是世界七大奇迹之一，所以人们用其名字来命名任

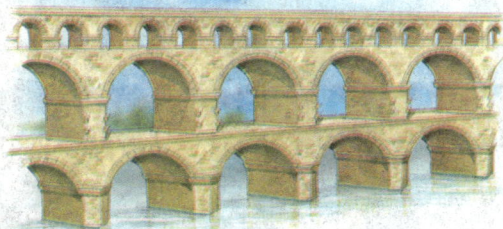
❶用于引水的加尔桥高出加尔河47米之多。

何巨大的事物（Colossus一词意为巨像，衍生出了"类似于巨像的东西"的含义），所以罗马圆形大剧场被命名为colosseum。古罗马人将圆形大剧场挤得水泄不通，巨大的座席区分成80个部分，有梯子和隧道供角斗士和野兽进入角斗场。而大竞技场这个罗马战车的赛道比圆形大剧场还要大，可容纳5万人。

为什么万神殿顶部有个圆洞？

万神殿是古罗马最引人注目的建筑之一，是哈德良国王（公元117～138年）统治时期修建的一座神庙。万神殿是古代世界最大的圆形建筑，高180多米，直径达156米，由80个拱门支撑。顶部有一个圆形屋顶，直径达43米。圆形屋顶的顶部没有完全封闭而是留有一个圆洞，以便阳光和空气进入神殿。

❶万神殿是一个引人注目的工程壮举，其顶部的圆洞可透光透气。

神秘的纪念碑

任何为纪念伟大人物或重要事件而建的建筑物都可以称为纪念碑。它可以是国王、将军或探险家等的雕像，也可以是刻有名字和文字的塔楼或圆柱，或者仅仅是草丛中一个古老的土堆。国家性的纪念碑可以是历史遗迹，甚至岩石等自然风貌也能称之为国家纪念碑。

🛈 圆形石阵的排列方式似乎与一年一度的各种古代节气（例如夏至）有某种关系。

古人为何要建造圆形石阵?

可能是出于宗教的缘故。某些石阵可能被用做日历来标注季节的更替——古人认为可以在研究太阳和星星月亮活动的基础上用石头的位置确定日期。石阵也可以用做巨大的地图，人们为了重大的仪式会聚集在此。

蛇丘在哪儿?

位于美国俄亥俄州的林地。它看似一条巨大的蛇在盘绕着，但实际上是一座土丘。这座闻名遐迩的蛇丘建造于2 000多年前，另外还有成百上千类似的土丘。这些土丘是由北美的土著人堆砌而成的，很多土丘都是墓地，然而修建其他非坟墓的土丘的原因还是一个谜。位于美国伊利诺伊州的僧侣土丘高30米，占地面积达10个足球场那么大，而且所有的工程都是手工完成的。

为何史前巨石阵让人们着迷?

这是因为没有人能真正确定它是如何建造的。2 000多年前，英国人不辞辛苦建造了一座圆形石阵，工程约从2 800年前起分阶段在索尔兹伯里平原上动工。巨石阵的建造完全依赖人力，任务之艰巨绝对令人难以想象。石头是如此沉重（有些重达

复活节岛上的雕像目前仍是一个谜。为什么要雕刻这些石像呢？为什么后来又有众多雕像被推倒了呢？

50吨），以至于拖动一块石头就可能需动用500个男劳力。相邻的石头上会横放一块石头或一根梁木。毋庸置疑，巨石阵是出于宗教庆典目的而建的，而且已经成为了古老仪式的一部分。史前巨石阵堪称英国最著名的纪念碑之一。

从南美来此的"长耳族"人雕刻的。

哪个太平洋岛屿拥有最奇异的雕像？

在太平洋中部的复活节岛上矗立着600多座人形石像，大部分看似抬头凝视着远方。这些石像雕刻于公元900～1600年间。某些石像重达50吨，据传说这些石像的头部是由乘船

沙漠谜图在哪儿？

在南美的秘鲁。为何秘鲁的纳斯卡人要在沙漠中镂刻出长长的线条、几何图形以及动物和鸟类的轮廓目前还是一个谜。勾勒出的轮廓如此巨大，以至于只能从空中才能看清楚，然而它们是许多世纪前的人们完成的，那时还没有热气球和飞行器。有一个理论认为，纳斯卡人于1 500多年前镂刻出这些线条用以标记他们观测到的太阳和星星的运动轨迹。

巨石阵曾一度被认为是由魔鬼建造的。

古纳斯卡动物线条图中有蜘蛛和蜂鸟（上图）的形象。有些线条长达120多米。

堡垒和城堡

几千年以来，堡垒和城堡都是防御要塞。建造堡垒的最佳地方通常在小山顶上，因为这里是察看逼近的入侵者的最佳位置，而且小山顶通常易守难攻。有些中世纪城堡今天依然高于四周地形。

○ 梅登城堡周围建有沟渠、滑坡、木栅栏和木门加以保护。

梅登城堡是什么人建的？

梅登城堡是铁器时代的英国人建造于小山丘上的一个堡垒。2000多年前，凯尔特人群居或以部落为单位生活在一起，为了保护自己以及饲养在农场的牲畜，他们在山顶上修筑了防御工事以巩固村庄的防守，有些段的城墙高达6米。多西特的麦顿（Mai Dun）（凯尔特语，意为"伟大的山丘"）或称梅登城堡是最大的山丘堡垒之一。公元43年，罗马人入侵英国

○ 爱德华一世的城堡中，例如图中的康威城堡，是那个时代的建筑奇迹。

后占领了梅登城堡。

谁修建了英国最坚固的城堡？

诺曼底人和紧随其后的中世纪的英国国王。1066年诺曼底人征服英国之后，诺曼底的男爵建造了一座拥有护堤和外墙的坚固城堡——护堤是个土堆，在土堆的周围又建了外墙和围栏。后来，爱德华一世（1272年～1307年任英国国王）占领了威尔士后，下令修建巨大的石头城堡以使威

○ 位于叙利亚的骑士城堡由十字军战士修建。1271年，穆斯林攻下该城堡后，加强了其防御工事。

尔士人屈服于他的统治。15世纪初，大炮结束了城堡时代。

骑士城堡是骑士建的吗？

骑士城堡是十字军战士修建的一座雄伟的城堡。十字军东征期间（1096～1291年），双方（即穆斯林和基督徒）都在修建城堡，而每一方都倾尽全力攻占敌方的城堡，于是城堡通常会几易其主。十字军建造的城堡中保存最为完好的当数骑士城堡，它三面城墙高耸，一面有护城河环绕。它有一个要塞，四周都是陡峭的岩壁，岩壁表面非常光滑，难以攀越。

哪座城堡坐落于火山之上？

苏格兰的爱丁堡。城堡所在的火山——人称"城堡岩石"，为死火山。公元前850年前，爱丁堡就有人居住。11世纪初，国王戴维一世在爱丁堡建立了法庭，爱丁堡这个城市由此开始发展。戴维还在城堡内修建了一个小礼拜堂，专用于缅怀自己的母亲玛格丽特。该礼拜堂是现在幸存的建筑中最为古老的。

红堡在哪儿？

在印度的德里市，城堡因其砂岩垒砌的墙壁为红色而得名。砂岩墙壁有20多米高。红堡于1639年由印度的

莫卧儿国王沙贾汉下令开始建造，城墙内建有国王沙贾汉的皇宫、花园、军营以及所有重要的政府建筑。

津巴布韦城在哪儿？

在中非的津巴布韦。它周围建有防御工事，是非洲最让人难忘又最负盛名的古代遗迹之一。津巴布韦城的城墙为花岗岩堆砌而成。历史学家认为，该城堡于公元1000年后由修纳人建造，而津巴布韦一词在修纳语中意为"石头房子"。人们认为津巴布韦城的修建历时漫长——开始于1200年，结束于1450年。

↑津巴布韦城是一个贸易中心，它的城墙高达10米，周长达240米。它的石墙保护着里面的人和家养的牲畜。

69

皇宫和权势

国王或皇帝们都会修建宫殿来显示他们的富有和权势。今天，某些宫殿已成为博物馆，或转为他用，然而某些国家的总统依然生活在宫殿中。世界上最大的宫殿建筑群当数中国的故宫，而现代最豪华的宫殿应数石油王国（例如沙特阿拉伯和文莱）的统治者的宅第。

白金汉宫的历史有多久？

来到白金汉宫，大部分游客都会参观宫殿的正面并拍照留念。白金汉宫的历史最早可追溯至1703年，后经多次扩建和翻修，因而它仍是一座相当新的宫殿。它最初为白金汉公爵的私宅，18世纪由国王乔治三世买下。自1837年起，它成为维多利亚女王在伦敦的宅第，自此，它一直是国王或王后在伦敦的住所。

🔷尽管白金汉宫主要用于举办女王举行的很多正式社交活动，但它的部分区域已向参观者开放。

哪座宫殿是为将军修建的？

并非所有的宫殿都为国王或王后的宅第，英国的布伦海姆宫就是为马尔伯勒公爵所建。马尔伯勒是英国最著名的军人，安娜女王为犒赏马尔伯勒公爵战败法国人，下令为其建造了此宫殿。宫殿名取自他所打的胜仗之一——布伦海姆战役。后来，布伦海姆宫里诞生了另一位英国名人，那就是温斯顿·丘吉尔。

🔷中国最杰出的艺术家通力合作修建了紫禁城，它是世界上最大的宫殿群，现在则对游人开放。

是谁生活在紫禁城内？

中国皇帝及其家庭。紫禁城可谓一座小型城市，它于1406年开始动工修建，皇帝和其家庭生活在皇宫内，任何外来人员都不得入内。北京故宫现在已作为博物院向公众开放。

哪个皇帝下令修建有1300个房间的宫殿？

法国国王路易十四于17世纪初下令修建该宫殿。路易十四野心勃勃，他想超过所有的国王建造最大的宫殿。1661年，在巴黎郊外的凡尔赛他的新宫殿开始建造。他的宫庭必须大，因为其宫廷内有2万人之多。

谁是生活在白宫的第一任总统？

居住在白宫的第一任总统为约翰·亚当斯。位于华盛顿特区的白宫是世界上最著名的建筑之一，它是美国总统的住所。它最初于18世纪90年代建造，1814年被烧毁，并于同一年重建。多年来，不同总统都对白宫进行过改造。白宫共有132个房间，其中包括总统的办公室。

⬆凡尔赛宫现在已成为了一座博物馆。

在俄国北部靠近波罗的海的地方，于1754～1762年间作为皇族的冬季行宫而修建——城外另一座城堡则用做皇族的夏季行宫。俄国沙皇想使冬宫胜过西欧的任何一座皇族建筑，因此极尽奢华。冬宫现在已经成为一座艺术博物馆，名叫埃尔米塔什博物馆，那里拥有世界上最多的艺术珍藏——有近300万件艺术作品展出。

冬宫在哪儿？

在俄国的圣·彼得堡。冬宫远

⬇圣·彼得堡于1703年由沙皇彼得大帝建造，他想将这里作为俄国的新首都（代替莫斯科）。

城墙和塔楼

城墙的建造是用来将人拦在内或隔在外的，塔楼可依城墙而建。最具神秘色彩的一座城墙为位于尼日利亚，名为"艾力杜"的160千米长的一段土堤，它半掩于浓密的森林中，已约有1000年的历史，但还没有人确定它修建于此的目的。

①哈德良长城每隔1500米就建有一个顶上有塔楼的小型堡垒，用于守卫交通要塞。

中国人为何要修建万里长城？

中国的万里长城是为保卫中原、抵制入侵者而修建的。公元前200多年，中国皇帝秦始皇下令修建城墙以将边界上原有的城墙连接起来，将常来袭扰的邻近民族阻止在外。长城沿

①万里长城是有史以来最长的建筑，然而最终它却没能抵挡住侵略者。

山脉、丘陵、高原以及沙漠的边缘绵延6400多千米。长城城墙高9米，城墙上建有瞭望塔，供守卫巡逻。长城的某些段落现在已成为废墟，有的已经消失，然而它依然是世界上最伟大的奇观之一。

罗马最长的长城叫什么？

哈德良长城（因罗马皇帝哈德

良而得名）。它东起泰恩河上的沃尔森德，横跨英国北部的山脉，西至索尔威湾的鲍尼斯。公元2世纪20年代，罗马传奇将士修建了此长城，用以控制罗马人统治的不列颠和北方的交通往来并阻止北方部落南下。该长城最初修建时有2～3米厚，117千米长。

双子塔在哪儿?

在马来西亚，它是该国的象征。美国是19世纪初第一个建造摩天大楼的国家，后来世界各国都在竞相修建高耸入云的摩天大楼。1996年，双子塔从吉隆坡拔地而起。该建筑高452米，是一座88层的办公楼。

比萨斜塔为何出名?

12世纪50年代，意大利比萨市新建的钟楼在建造一半时就开始倾斜，因为塔下的土壤非常松软。到14世纪初竣工时，钟楼的倾斜已经非常严重，现代工程师正奋力抢救以确保钟楼不至坍塌。这座倾斜的钟楼高56米，是意大利最著名的旅游名胜之一。

埃菲尔铁塔建造的目的是什么?

用以庆祝法国革命胜利100周年。最初古斯塔夫·埃菲尔宣布他计划在巴黎修建一座铁塔时得来的是人们的一阵哄笑，但是他做到了。埃菲尔铁塔的建造耗时2年，于1889年建成，它由1.2万个部分通过铆钉固定组合而成，高300多米，直到1930年之前，始终是世界上最高的建筑。

❶埃菲尔铁塔是一座很别致的建筑，今天，它仍然是法国最著名的标志性建筑之一。

永恒的建筑

某些壮观的大型建筑是因为宗教崇拜而建，和欧洲中世纪的大教堂一样，完成这样一项工程通常耗时数年。有时，同一座建筑可能服务于两个不同的宗教信仰，如君士坦丁堡（今天的伊斯坦布尔）的圣·索菲亚教堂最初建造时是用做基督教堂，后来却成为穆斯林的清真寺。现在，它已成为一座博物馆。

世界最大的宗教建筑是哪座？

世界上最大的基督教堂为罗马的圣·彼得大教堂，然而印度教神庙吴哥窟在规模上则更胜一筹。吴哥窟于12世纪初由柬埔寨的高棉人修建，周遭有护城河环绕。整座建筑长1 500米，宽1 400米，中心有5座塔楼，其中最高的达70米。吴哥窟周围的护城河长6千米。这座印度教神庙于15世纪初被废弃。

哪里可同时容纳4万人一起祈祷？

在最大的清真寺内。正是在清真寺内，伊斯兰教的信徒（穆斯林）会集合起来一起祈祷。最大的穆斯林清真寺是位于巴基斯坦首都伊斯兰堡的费萨尔清真寺，其庭院内可容纳4万人一起祈祷。该清真寺因出资建造的沙特阿拉伯国王而得名，它位于巴基斯坦首都伊斯兰堡的郊区——伊斯兰堡的名称意为"伊斯兰教的场所"。

哪座神庙内供有500尊佛像？

印度尼西亚爪哇岛上的婆罗浮屠佛教神殿。该神殿修建于8世纪初，

❶吴哥窟于丛林中拔地而起，几个世纪以来一直面临被丛林完全遮蔽的危险。

佛教起源于印度，横跨东南亚，最远传播至印度尼西亚群岛。婆罗浮屠佛教神殿遗址就位于爪哇岛上。

约于1 000年前被废弃，在20世纪初期又得到重建。它是在小山丘上开凿后用石头建造而成的。婆罗浮屠佛教神殿内供有500尊佛像和几千个其他雕像。神殿内的装饰风格显示出与波斯、巴比伦以及古希腊风格的渊源（自1972年起，神殿内的80万块石头全部被一扫而空）。

英国著名的教堂有哪些?

可能首先要数伦敦的圣保罗大教堂。雷恩·克里斯托佛爵士修建的圣保罗大教堂取代了毁于1666年大火的中世纪大教堂，与之媲美的还有威斯敏斯特教堂（11世纪40年代由英国国王爱德华下令兴建）和约克大教堂（英国最大的中世纪大教堂）。很多人还会去参观坎特伯雷大教堂（可以追溯至11世纪70年代）和索尔兹伯里大教堂（拥有英国最高的尖顶，高达123米）。世界上最大的教堂（尽管不是最大的礼拜堂）为中世纪风格的圣约翰大教堂，它位于纽约市。

圣保罗大教堂在第二次世界大战（1939～1945年）中的大轰炸中幸存下来。

技术胜利

技术——即科学的应用——在以惊人的速度改变着我们的生活。我们不仅能向太空发射空间探测器，还能用手机拍照。若在19世纪初期第一艘蒸汽火车或第一台照相机发明前，人们定会将此视为白日梦或巫术。

↑超音速推进号汽车（Thrust SSC）的设计可使轮胎不离开地面，因此不至于使汽车变成飞车。

哪辆汽车可以超音速行驶？

1997年，安迪·格林驾驶英国喷气式SSC发动机驱动的汽车驰骋在美国内华达州黑岩沙漠上。他以超音速的速度行驶，最高时速能达1 227.985千米，刷新了最快的陆地行驶速度记录。这辆汽车中两个劳斯莱斯"斯佩"系列205号喷气式引擎发挥了重要作用，使其速度超过了喷气式飞机。SSC发动机以最快的传统发动机驱动的汽车——1998年产的麦凯伦F-1赛车——3倍以上的速度运行。

历史上最大的飞艇是什么？

是20世纪30年代制造的两艘德国飞艇，它们分别叫"兴登堡"号和"齐柏林"号。这两艘飞艇长245米，比今天的载人喷气机还要长。飞艇以螺旋桨驱动，在海洋上的航行时速可达130千米。兴登堡飞艇的爆炸（1937年）标志着载人飞艇时代的结束。

科学家如何探测遥远的世界？

通过在地面上用望远镜观测宇宙以及向地球周围的轨道发射望远镜，或者向太阳系发射空间飞行器并使其穿越太阳系运动。机器人进行空间探测更容易实现，因为宇航员需要食物、水和空气，而机器人仅仅需要能量，因而他们能够一直传送回数据。火星探路者携带了一个于

↑机器人探测器可以行进几百万千米，然后通过电波将拍摄到的火星的照片发射回地球。

① "大东方"号横跨大西洋铺设了一条电报电缆。

1997年向火星发射的名叫"寄居者"的飞行器，它仅有微波炉大小。

哪艘船是它所处时代中最奇异的船只？

"大东方"号是它所处时代中的巨型船只。它有1.9万吨重、211米长，后来40年建造的船只都无一能及。它由英国工程师埃萨莫德·布鲁内尔于1858年设计完成，是唯一一艘由蒸汽发动机驱动螺旋桨的船只。船上还有桨轮来加力全速航行。

世界上速度最快的是什么火车？

是法国的高速火车（简称TGV），它一般以约300千米/小时的速度行驶，然而在1990年，它以515千米/小时的速度打破了世界纪录。现代的高速火车时速为19世纪30年代首辆蒸汽火车的5倍。蒸汽火车的最快时速为202.73千米，这是1938年由英国伦敦东北铁路公司的蒸汽机车"绿头鸭"实现的。磁悬浮列车速度超乎寻常，因为它是由强劲有力的磁体悬浮于磁轨上行驶的。早期的磁悬浮列车出现于德国和日本，1996年，一辆磁悬浮列车开始在美国佛罗里达州的迪斯尼乐园试运行。2002年，一辆德国产的磁悬浮列车在中国上海的行驶速度超过了430千米/小时。

曾经最大的交通工具是什么？

曾经制造的最大的交通工具为两辆马里恩履带式车，这是由美国航天航空局用来将火箭和航天飞机移动至发射位置的巨型拖拉机。履带式车满载时每辆重达8000吨——约是最大的垃圾倾倒卡车的15倍。履带式车的开发是为了将组装好的土星火箭从装配楼运送到发射台。

① 高速列车沿着特殊的快速通道穿梭。

工程上的奇迹

工程师会将科学知识应用于实际生活。埃及金字塔的建造是古代最伟大的工程壮举之一，而今天的工程带来的奇迹更是层出不穷，例如高居水上的桥梁、深藏海下的隧道以及远在太空中盘旋的太空望远镜。

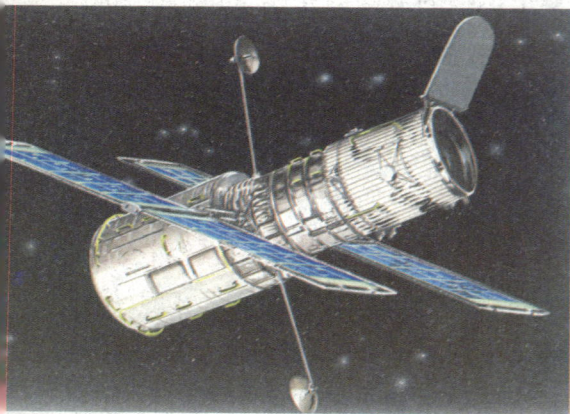

↑悉尼歌剧院贝壳形的白色覆面由100万块瓷砖拼成。

澳大利亚最著名的建筑是什么？

悉尼歌剧院是澳大利亚最著名的建筑。丹麦建筑师约翰·伍重为其设计了未来派的外观——1959年开工时屋顶所需的材料还没有发明出来。其白色贝壳形屋顶据说是模仿港口内航行的船只的形状，在贝壳形屋顶下方

↑图中的太空望远镜是以美国天文学家埃德温·哈勃的名字命名的，哈勃在星系研究方面有重大发现。

哪种望远镜围绕我们的星球飞行？

太空望远镜。在地球上用普通望远镜仅能观测到模糊的天体，这是由于中间隔有大气层的缘故。哈勃空间望远镜于1990年被发射至预先设定的轨道以便天文学家能够将宇宙看得更清楚，它在约600千米的高空围绕地球飞行。

↑吊桥，例如日本的明石海峡大桥，能够承载汽车或火车从上面穿行。桥梁被悬吊于高大的塔吊之间。

则是剧院和表演厅。

火车在海底能行驶吗？

可以。在英国和法国之间的海底隧道（欧洲隧道）中，火车就能行驶。这里共有3条隧道——2条铁路隧道和1条较小的服务隧道，隧道在海底的部分长度在14千米以上，而在地底的部分长达30千米。开凿海底隧道的想法于19世纪初首次被提出，但是直到1994年，第一列高速火车才正式驶入欧洲隧道。

长桥的重量如何支撑？

世界上最长的桥梁当数吊桥，它由钢绳悬吊于高大的塔吊之间。明石海峡大桥连接着日本的主要岛屿本州岛和其临近的四国岛，横跨2千米海面，是世界上最长的公路桥梁。

最大的人工湖是哪个？

最大的人工湖为西非加纳的沃尔特湖。当阿科松博大坝横跨河流而建时，堤坝拦截的水会形成湖泊，而拦截的水可用来灌溉或发电。沃尔特湖面积达8 000平方千米以上。

⬇阿科松博大坝修建于20世纪60年代，修建后能为加纳及其邻国提供源源不断的电力。

纪念物和神秘物

纪念物有助于我们铭记重大事件或伟大人物，某些纪念物非常雄伟以至于人们无法忽略。而神秘物则往往被隐藏起来，有时，地下发现的财富能透露出已被人们遗忘的过去不为人知的故事。

萨顿骺宝窟的地下埋葬着什么？

埋葬着7世纪统治英国东英吉利亚的国王。他是一位名叫雷德沃尔德的有权有势的国王，被安葬在27米长的木船上，该船位于一条深沟内。随他安葬的有衣物、武器和财宝，将他

🔵萨顿骺头盔的复制品。真品发现于"船舶之墓"中。

的"船舶之墓"填得满满的。1939年，考古学家在萨顿挖掘后才发现这座船舶之墓。

谁的历程被一座巨型拱门铭记？

一些美国先驱者。位于美国圣路易斯的大拱门是一座倒U形拱门，它屹立于密西西比河畔，用以纪念19世纪40～70年代成千上万名移民成群结队乘马车前往西部安家落户。

谁安葬时还有兵马俑随葬？

大约公元前210年去世的中国皇帝秦始皇。古代中国的统治者在死后仍想继续其人世间的生活，因此当秦始皇死后，他的坟墓内满是兵马俑。1974年，巨型皇陵的一部分被打开后，考古学家惊奇

🔵模仿中国皇帝不朽军队的赤土兵马俑。

地发现了兵马俑。

哪位古埃及法老的坟墓中藏有赤金面具？

法老图坦卡蒙。他约于公元前1347年成为埃及法老，但在18岁时英年早逝，被安葬在国王谷。1922年，英国考古学家霍华德·卡特发现了他的坟墓。坟墓内琳琅满目的财宝达5 000多件，其中包括衣橱、项链、战车、刀剑、鸵鸟羽毛、模型船、玩具以及罐装的珍贵油类。

🔹 图坦卡蒙坟墓的众多发现中有法老的金面具。

最后的印加人秘密生活在哪里？

在高高的安第斯山上的马丘比丘和其他要塞。西班牙人于16世纪初征服了印加，然而他们从未能占领印加的最后据点。城墙环绕的印加城马丘比丘位于秘鲁南部城市库斯科附近的群山环抱之中，直到1911年美国冒险家海勒姆·宾厄姆首次发现，马丘比丘才得以为世人所知。"马丘比丘"在当地语言中意为"古老的山"。

🔹西班牙人从未发现印加人的最后堡垒马丘比丘。今天，这里每年接待50万游客。

自然界的破纪录者

自然界中的破纪录者外形各异、大小有别。很多动物表现出令人难以置信的力量、速度和耐力，还没有运动员能够与动物中的破纪录者相媲美。

哪种陆地动物的速度最快？

猎豹是世界上跑得最快的陆地动物，其速度可与汽车相媲美。开始追逐的2秒钟内，猎豹就能以75千米/小时的速度奔跑，而且迅即就能达到大约105千米/小时的最高速度。但疾驰30秒后，猎豹就会筋疲力尽，因此如果羚羊能够在这段时间内不落入猎豹之口，也许就能逃脱。猎豹不常爬树，这是因为它们难以从树上下来，它们喜欢开阔的野外，在那里能很容易地发现瞪羚和野兔等猎物。

最重的树在哪里？

美国加州红杉国家公园内生长的名叫"谢尔曼将军树"的巨杉堪称最重的树。这个"森林巨人"高达84米，树干周长平均为31.4米，重约2500吨，有350头大象那么重。巨型红杉是最高的树，能长至113米高。红杉可存活上千年，如加州一棵红杉已生长了2200年之久。

白蚁身上的"昆虫之最"有哪些？

白蚁是群居类昆虫，其按群体生活在一起，某些白蚁是杰出的建造师，能在土丘上建造巨型巢穴——已知的最高的白蚁巢穴有近9米高。令人惊讶的是，修建巢穴的白蚁居然什么都看不到，而保护巢穴免受敌人进攻的白蚁竟然也如此。白蚁蚁后可以存活50年之久，因而白蚁成为寿命最长的昆虫。

↑巨型红杉树比美洲杉还要高，但其树干平均周长不及美洲杉。

⬇白蚁与蚂蚁其实是不同的两种昆虫。

哪种动物生出的幼崽体型最大？

蓝鲸，它是最大的鲸类。蓝鲸的主动脉很宽，可供一个身材小巧的人匍匐通过。幼鲸出生时就有6～8米长。哺乳动物并非动物中最大的种群，然而相对身体大小而言它们的大脑体积要胜过其他动物。据估计，蓝鲸的寿命达80年之久，它们通常单独行动或三三两两结伴而行，不过加州海岸外某些鲸群内鲸的数量有时达60只之多。

🔵最大的海洋和陆地动物都是哺乳动物，它们分别是海洋里的鲸（如上图）和陆地上的大象。

西伯利亚虎有多大？

来自俄罗斯东部和中国的西伯利亚虎，其体型和体重都比狮子大。它是生活在最北部的虎类，厚厚的皮毛在冬天的冰天雪地也能保持温暖。老虎需要大面积的捕猎领地，因此现在野外只有几百只西伯利亚虎幸存下来。

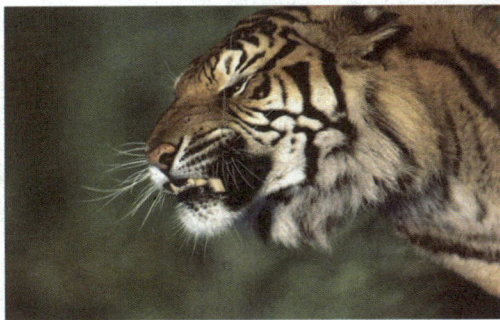
🔵西伯利亚虎可能重达350千克，体长可达3米。只有在南亚和东亚很小的地区内才能发现老虎，但它们能在不同的地方栖息，从热带雨林到西伯利亚的森林都可以是它们的栖身之地。

世界上共有多少种大象？

3种。科学家过去通常会回答"2种"，即大耳朵的非洲象和小耳朵的亚洲象或称印度象。然而最近的研究显示，非洲象实际上分两种：生活在草木茂盛平原的大型象和钟爱森林的小型象。在现存的哺乳动物中，大象的鼻子独一无二，大象能够利用鼻子"拿"到微小的物体或折断巨大的树干。其大大的可来回拍打的耳朵可以帮助这种巨型动物在炎热的天气里降温。

测试时间

● 1. 古代世界的七大奇迹中哪个被地震破坏？

● 2. 哪个世界奇迹坐落在巴比伦？

● 3. 哪个世界奇迹被发现时藏于沼泽地下？

● 4. 埃及人使用的古老文字叫什么？

● 5. 斯芬克斯有人的头颅什么动物的身子？

● 6. 有多少个法老在吉萨城建有金字塔？

● 7. 复活节岛上的石头雕像有多少座？

● 8. 古罗马时期供人消遣的奴隶斗士称为什么？

● 9. 在哪种神话中，宙斯是万神之神？

● 10. 哪个罗马竞技场的名字中含有"巨人雕像"之意？

● 11. 图中的德国城堡是美国加州迪斯尼主题公园内城堡的原型，它叫什么名字？

知识小档案

希腊和罗马诸神称谓对照

	希腊	罗马
万神之神	宙斯	朱庇特
战争之神	阿瑞斯	玛尔斯
主神的妻子	赫拉	朱诺
智慧之神	雅典娜	密涅瓦
丰饶女神	得墨忒耳	克瑞斯
冥界之神	哈德斯	普路托
爱神	伊洛斯	丘比特
音乐和艺术之神	阿波罗	阿波罗

庞贝古城博物馆

今天，前往庞贝古城的参观者可以像古庞贝人一样踏入庞贝的房屋，在庞贝的街道上信步。在博物馆内，参观者可以看到日用品和在火山爆发中丧生的人们的遗体。火山灰在遇害者尸体周围硬化，形成模子，随着尸体的腐烂，只剩下一个空壳。考古学家在空壳内灌入塑料后，便制成尸体的复制品。

12. 沙漠谜图是南美洲的什么人镂刻出的？

13. 僧侣土丘位于美国的哪个州？

14. 绕城堡开凿的沟渠称为什么？

15. 英国最大的城堡是哪座？

16. 城堡最险要的部分叫什么？

17. 已知最高的白蚁穴有多高？

18. 哪个宫殿是为马尔伯勒公爵建造的？

19. 居住在白宫的第一任美国总统是谁？

20. 哪个罗马皇帝下令在英格兰和苏格兰之间修建一座城墙？

21. 阿布辛拜尔神庙在哪种岩石上雕刻而成？

悲惨的角斗士

对于古罗马人而言，暴力和流血被作为一种娱乐方式。角斗士们搏杀至死为的是取悦观众，他们使用不同的武器在竞技场上搏斗。大部分搏斗都在罗马进行，罗马帝国所辖的城市内都建有竞技场以上演搏斗表演。

↑ 角斗士通常都会搏杀至死。

高耸的建筑

* 尽管不再是最高的摩天大楼，美国芝加哥的西尔斯大厦（高443米）依然是楼层最多的大楼——110层。

* 第一座摩天大楼于1885年由勒巴隆·詹尼在芝加哥建造。

* 纽约市的帝国大厦可能是世界上最引人注目的高楼，它建于1931年，高381米。

↪ 缅甸的阿南达神庙于1091年完工，它逐级升高，高达52米。

22. 图中这座大坝叫什么名字？

23. 埃菲尔铁塔位于哪个城市？

24. 比萨斜塔是作为什么塔而建的？

25. 哪个首都城市环绕着梵蒂冈？

26. 法罗斯灯塔高多少米？

27. 哪座伦敦建筑堪称回音廊？

28. 美国白宫共有多少个房间？

29. 哪种交通工具被用来搬运航天飞机？

30. 超音速推进号汽车于哪一年在陆地上行驶速度超过了声速？

31. 阿斯旺水坝位于哪国？

32. 希腊神话中的分娩和狩猎女神是谁？

关于钟楼

中世纪时，最高的建筑为教堂的尖塔和钟楼。有时，大教堂的建造者过于雄心勃勃，以致钟楼因过高而倒塌。英国林肯大教堂的主尖塔曾经堪称世界第一（160米），然而于1548年时坍塌。它的3个塔楼上每个都建有尖塔，而在今天，没有一个塔楼上有尖塔。

世界之最

最长的城墙 中国的万里长城

最高的塔楼 加拿大国家电视塔，555米高

最长的罗马城墙 哈德良城墙，位于英国北部

最倾斜的塔楼 意大利的比萨斜塔

最大的宝塔 缅甸的雪达根宝塔

最嘈杂的塔楼 传说中的巴别塔

➡ 建筑师曾考虑过去掉顶层以稳固比萨斜塔。

33. 明石海峡大桥连接日本的哪两个部分？

34. 古印加人生活在哪座山上？

35. 吉隆坡的双子塔共有多少层？

36. 骑士城堡是什么人修建的？

37. 西非加纳的沃尔特湖面积有多大？

38. 非洲最长的河是什么河？

39. 英国女王住在哪里？

40. 世界上火车的最高速度是多少？

41. 南极洲的冰雪约占地球冰雪总量的百分之几？

42. 圣海伦斯火山最近一次剧烈喷发是在哪一年？

43. 哪个天然景观的占地面积比美国的得克萨斯州还要大？

44. 哪种动物奔跑的速度能够达到120千米/小时以上？

45. 哪种动物出生时就有6～8米长？

46. 悉尼歌剧院的贝壳形屋顶状似什么？

47. 哪个世界奇迹横跨中国北方绵延6400千米？

木乃伊的制作

埃及人相信人死后会在另一个世界生活，因而会为死亡和埋葬做细致准备。他们认为保存死者的尸体非常重要，因此尸体会用化学药品和油类进行处理，然后烘干以防尸体腐烂。木乃伊用亚麻布的绷带包裹起来后被安放在棺材内，随葬的还有衣物、武器、珠宝和食物等。

⬆ 法老图坦卡蒙的棺椁。

著名的纪念碑

世界上最高的圆柱是用来纪念圣哈辛托战役的，这场战争于1836年在得克萨斯人和墨西哥人之间展开。英国著名的纪念碑包括伦敦大火纪念塔（这根圆柱标注着1666年伦敦大火发生的地点）和伦敦特拉法尔加角广场上的纳尔逊圆柱（圆柱顶上为海军上将纳尔逊的雕像）。

1. 罗德岛巨人雕像
2. 空中花园
3. 阿耳特弥斯神庙
4. 象形文字
5. 狮子
6. 3个
7. 600座
8. 角斗士
9. 希腊神话
10. 罗马圆形大剧场
11. 新天鹅城堡
12. 纳斯卡人
13. 伊利诺伊州
14. 护城河
15. 温莎城堡
16. 要塞

17. 9米高
18. 布伦海姆宫
19. 约翰·亚当斯
20. 哈德良
21. 砂岩
22. 阿科松博大坝
23. 巴黎
24. 钟楼
25. 罗马
26. 122米
27. 圣保罗大教堂
28. 132个
29. 马里恩履带式车
30. 1997年
31. 埃及
32. 阿耳特弥斯

33. 本州岛和四国岛
34. 安第斯山
35. 88层
36. 十字军战士
37. 8000平方千米以上
38. 尼罗河
39. 白金汉宫
40. 515千米／小时
41. 90%
42. 1980年
43. 大堡礁
44. 猎豹
45. 蓝鲸
46. 航行的船只
47. 中国的万里长城

知识小档案

著名的财富宝藏

　　法老图坦卡蒙的坟墓——1922年由霍华德·卡特开启，人们发现坟墓中还藏有奇异的财宝。

　　从印加掠来的财富——1532年，西班牙征服者皮萨罗索要重金——一屋金子和一屋银子作为赎回印加领袖阿塔瓦尔帕的赎金。印加人照付了赎金，然而西班牙人还是杀害了阿塔瓦尔帕。他们将财宝熔化制成金条和银条。

　🔵 为财富而热衷潜水的人仍在搜寻1588年在英国周围失踪船只的残骸，人们认为这艘船上载有西班牙人大量的金子。

ARTS, SPORTS & ENTERTAINMENT

艺术、运动和娱乐

　　几千年前，艺术家就开始装扮他们生活的世界。艺术能够强化传统价值观，传播新思潮，抑或保留过去留下的宝贵遗产。从文字语言到舞蹈表演，艺术形式多种多样。体育起源于几千年前，第1届奥林匹克运动会于公元前776年在希腊举行。

谁是第一批走红的摇滚明星？

是什么成就了优秀的设计？

哪种运动球类移动速度最快？

......

音乐

自从石器时代人们就开始演奏和倾听音乐。几个世纪以来，乐器得到不断改进和发展，演奏乐器所需的技巧也传播开来。从19世纪开始，音乐才以音符的形式被记录在纸面上。世界各地形成了众多不同风格的音乐，其中包括古典音乐、歌剧、民歌、雷盖音乐、爵士乐、灵歌、摇滚乐以及通俗音乐。

四大类乐器分别是什么？

乐器主要分管乐器、弦乐器、打击乐器和铜管乐器。管乐器和铜管乐器通过孔向空管内吹气演奏；弦乐器则在空盒上绷紧几根弦，演奏者用琴弓或琴拨拨动琴弦；打击乐器例如鼓和铙钹都是用槌、木棍或手敲打出声的。

最伟大的作曲家是谁？

就谁是历史上最伟大的作曲家，人们还没有达成共识。很多音乐爱好者将莫扎特（1756–1791）、贝多芬（1770－1827）和巴赫（1685–1750）列入他们的最爱。这些音乐天才著名的作品包括巴赫的《勃兰登堡协奏曲》、贝多芬的《欢乐颂》和《第五交响曲》以及莫扎特的《小夜曲》。

⬇法国号（铜管乐器）、小提琴和吉他（弦乐）以及康加鼓（打击乐器）。

法国号

小提琴和琴弓

吉他

康加鼓

巴赫

莫扎特

贝多芬

⬆以上3位伟大的作曲家都同时为小型音乐团体和大型管弦乐队作曲。

打击乐器

铜管乐器

弦乐器

指挥的位置——高台上

交响乐管弦乐队的乐器在指挥面前呈弧形分组排列——弦乐器位于最前方，随后为管乐器，最后是打击乐器。

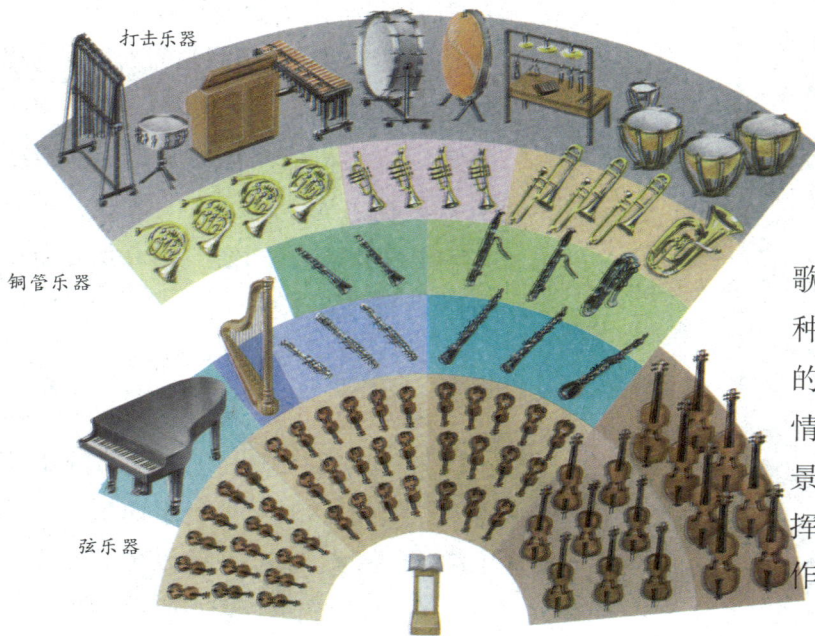

歌剧是戏剧的一种，演员以歌唱的形式表演，与情节、对白或场景相比，音乐发挥着更为重要的作用。歌剧约于1600年在意大利首次上演。

一个管弦乐队最多由多少件乐器构成？

现代管弦乐队约有100名成员共同演奏。管弦乐队分为4大部分：木管乐器(竖笛、长笛、双簧管和低音管)、铜管乐器（大号和小号）、打击乐器（鼓、铙钹和铃）以及弦乐器（小提琴、中提琴、大提琴和低音提琴）。历史上最大的管弦乐队共有987件乐器，于1872年在美国的波士顿演出。

是谁写下了最长的歌剧？

最长的5部歌剧（每部歌剧都持续5个小时以上）都是由20世纪的德国作曲家理查德·瓦格纳写成的，瓦格纳最长的歌剧为《上帝的曙光》。

谁是第一批走红的摇滚明星？

第一位摇滚巨星是埃尔维斯·亚伦，他有94首金曲和40张金唱片；20世纪60年代，披头士(甲壳虫)乐队开始了他们的音乐生涯，成为历史上最受欢迎的组合；第一个唱片销量突破百万的独唱歌手为歌剧演唱家恩里科·卡鲁索。直到20世纪初，流行音乐还只在现场演唱或演奏时才能听到，但录音可追溯至19世纪80年代，它改变了人们倾听音乐的方式。是广播和录音产业共同缔造了"流行产业"，使它于20世纪40年代随着第一张流行音乐唱片的产生正式起步。

艺术

最早的艺术作品是由石器时代的人创作的，他们在墙壁上作画，在石头和黏土上雕刻。艺术多种多样，从拍卖中身价百万的名画到学童制作的泥罐都称得上是艺术品。艺术可以令人迷惑不解，也可以让人拍案称奇。有些艺术家用塑料包裹悬崖、用布料覆盖建筑、展示放有脏衣物的床、将动物的尸体置于箱子内甚至削去半座山，而所有这些可能都是一种独特的行为艺术。

雕塑家的工作是什么？

雕塑家是制作雕塑作品的艺术家，他们在木头、石头或金属上创作。雕塑中

《断臂的维纳斯》是最著名的雕像之一。图为希腊原作的罗马仿制品，藏于巴黎的卢浮宫。

最常用的两个技巧便是雕刻和铸造，现代雕塑家还可以通过拼凑废料、塑料甚至纸张创作出艺术品。印第安人在美国南达科他州雷暴云砧山的岩石上雕刻的名为"疯马"的雕像完工时应有172米高——该雕像20多年前就开工，至今还未完成。

毕加索是何许人？

毕加索是20世纪最成功的画家之一，他于1881年出生于西班牙，于1973年去世。起初，他以传统和现实主义的风格绘画，后来改以破碎的几何图形绘画——这种绘画风格称为立体主义。他很著名的一部作品名叫《格尔尼卡》，描绘的是20世纪30年代在西班牙内战中受苦受难的人民。

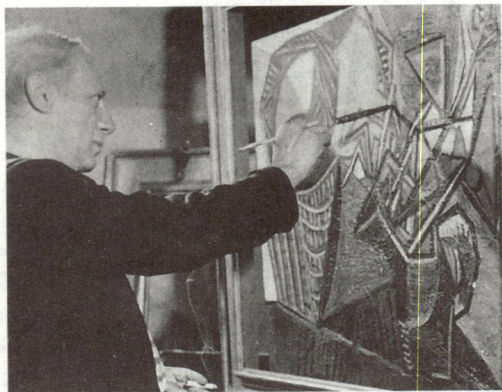

毕加索是一个多产的艺术家，以几种不同的风格在画布上作画。与很多其他艺术家不同的是，他从创作中赢得了财富。

什么是制陶业？

制陶业是使用黏土制作精美陶器的艺术。制陶工人制作日常器皿（例

92

如大口杯和盘子）的历史已有5 000多年，陶器的代表作品有陶瓷碗、希腊和中国产花瓶以及赤土头像和全身像。最精美的瓷器约于1 300年前首先由中国制作出来。

最早的画家使用哪种颜料？

12 000多年前，石洞壁画的画家使用的颜料是用日常材料——例如有色土壤、黏土、动物脂肪、烧火后留下的煤灰木炭以及植物的根部——制成的，他们描绘捕捉到的猎物，例如野生山羊、牛和鹿。这些画家并非使用画笔而是用手指作画，有时还会特意留下手掌的印记作为签名。

什么是壁画？

壁画即绘制在墙壁上的画。在古埃及，众多艺术大师合力绘制大型

↑如图中这样的壁画是从埃及国王和王后的坟墓中发现的。这幅壁画描述的是尼罗河畔的狩猎场景。

壁画。不同的材料用以调配出不同的颜色，如炭生黑色，赭石生红色和黄色，蓝铜矿和孔雀石生绿色和蓝色。中世纪和文艺复兴时期，壁画是欧洲最受欢迎的装饰形式，壁画艺术家在潮湿的石膏上作画，因而他们的动作必须麻利。他们先画个草图，依照草图在石膏上勾勒出轮廓，然后用画笔着色，随着石膏干燥变硬，颜色也就附着在墙壁上了。

◐这幅野牛图是由古代法国拉斯考克斯山洞的古人绘制的。

设计

设计中包括含有筹划，设计师的工作就是创造出新事物，既可以创造出全新的东西，也可以将现有的东西重新组合起来。设计师通常需要同时具备艺术家、工程师和推销员的素质。工作中会用到设计的包括建筑师、工程师、时装设计师、园艺人员、艺术总监(设计图书和杂志)、室内装潢师、舞台和电影背景设计师以及装饰橱窗的人员等。

🛈航行器的设计中包括精细的数学计算，而非单纯的艺术设计。然而，偷袭机和战斗机通常需要伪装设计，因为只有这样它们才不易在危险的交战中被发现。

是什么成就了优秀的设计？

设计有几大原则，其中包括平衡、重复、和谐和统一（整体的效果）。设计是每一个生产过程的基础，然而不论设计复杂物体的过程多么有趣，只有将设计的作品生产并销售出去才算得上成功。设计工作包括将不同的物质排列在一起以取得特定或所需的效果——取悦于人或实现一个特定的功能，例如完成一个委托。如果设计作品的外观和性能都不错，人们才愿意使用。战斗机的设计中包括精细的数学计算，而非单纯的艺术设计，它们的抗力和安全性与外观同样重要，而外观通常都要进行伪装设计。

是谁设计了金字塔？

金字塔的埃及设计师们包括抄写员、天文学家和政府官员，其中最著名的当数伊姆贺特普。他生活在公元前26世纪初，他的众多工作之一是作为国王卓瑟王的太医，他设计了位于埃及沙卡拉的阶梯金字塔以作为国王的坟墓。建筑师设计建筑时需要绘图和计算，然而今天设计师可以使用电脑绘制出最终的设计方案并在上

🛈唯一的阶梯金字塔位于埃及的沙卡拉，它是为当时的埃及法老卓瑟王修建的。

面模拟修改。

什么是维多利亚风格？

维多利亚女王于1837～1901年在位，因此维多利亚时代的人生活在新工业革命时期。维多利亚时代的人率先拥有了工厂生产的窗帘、椅子、地毯和家用小器具，因而他们的居家风格让现代人看来眼花缭乱。他们喜欢陈放很多绘画和装饰物，房间内满是桌椅、灯具、书柜和书架，其服装看起来较厚重，多采用暗色系。

❶维多利亚时期起居室的设计是供人们静坐、阅读和消遣的场所。

时装产业始于何时？

20世纪由工厂生产的服装开始销售后，穷人可以购买到时尚服装的廉价仿制品，在这之前，有钱人总是会购买雅致的服装，引领时尚以让他人追潮。到了20世纪，可可·香奈儿和克里斯蒂安·迪奥创立了时尚"作坊"，设计独一无二的服饰。到20世纪六七十年代，时装风行一时。今天的设计师和超级模特都可以与流行歌星和电影明星一样为大众熟悉。

谁最先使用了家具？

最先使用家具的可能是古埃及人——我们是从他们在坟墓中放置桌椅板凳而得知的。1754年，托马斯·齐本德尔在英国编制了第一本家具目录《绅士和家具设计指南》，目录中含有他销售的家具的图画，于是18世纪晚期大量设计的家具都被称为"齐本德尔式"家具。但其实"齐本德尔"一词只是用来描述一种风格，大多数情况下与齐本德尔本人毫不相关。

❶家具设计师会互相效仿，甚至齐本德尔也效仿过国外的设计师。

⤴20世纪，贵妇所穿的服装会被新开的时装作坊仿制，然后廉价销售给普通百姓。

建筑

建筑学是设计并建造建筑物的艺术和科学。建筑师必须考虑建筑物的外观、技术、选址和成本,很多早期建筑为神庙、陵墓和宫殿。希腊人在建筑中引入了比例的经典法则,自那时起,建筑风格一般会反映出当时人们的品位。

很多摩天大楼,例如中国香港的摩天大楼,有的有200多层。人们还在不停地计划建设更高的摩天大楼。

希腊人何时建造了神庙?

希腊建筑约于公元前600年开始成形,雅典卫城上优美的帕特农神庙便是典型的希腊建筑。希腊人钟爱和谐的比例,优美建筑的屋顶多由众多圆柱支撑,而圆柱的建造风格分多利安式、爱奥尼亚式和科林斯式3大类。随着时间的推移,这3种建筑风格的装饰性越来越强。

第一批摩天大楼建于何处?

1871年的大火摧毁了美国城市芝加哥的很多主要建筑,大火后在这里建造了第一批摩天大楼。第一座摩天大楼是10层高的家庭保险大楼。使摩天大楼成为可能的技术支持包括钢筋的使用和电梯的发明——使用钢筋可以从内部支撑高楼大厦,而电梯的发明意味着人们无需爬楼梯就可以到达顶楼。

帕特农神庙于公元前447~前432年建造,利用了几何学的经典法则。

泰姬陵四周有四个尖塔,每个都有40米高。圆屋顶离地面近61米高,在其下方是埋葬沙贾汉和他爱妻的墓室。

世界上给人印象最深刻的是何建筑?

很多人都会提议说是印度的泰姬陵。印度的莫卧尔国王沙贾汉为了纪念1629年因难产而死的爱妻,想为她修建设计最精美的陵墓,于是2万多名劳工和艺术家耗时20年共同完成了泰姬陵的建设。这个圆顶建筑是用白色大理石建成的,坐落在砂岩平台上。

世界上最著名的歌剧院在哪儿?

澳大利亚的悉尼歌剧院自从1973年首次营业后就成为悉尼港口内世界知名的标志性建筑物。歌剧院是剧院的一种,专用于歌剧演出,而悉尼

❶史前巨石阵的古老石头。自从圆形巨石阵的石头首次被立起后,有些已经落下或被移走。

歌剧院也有其他用途,例如艺术表演等。它设计独特,屋顶的形状看似一艘大船正要从水上扬帆起航。该建筑由丹麦建筑师约翰·伍重设计。

史前巨石阵于何时建造?

史前巨石阵是在英国索尔兹伯里平原上成圆形排列的一群巨石,它于公元前2800~1500年分阶段建造而成,笨重的石头被拖运并摆放至与仲夏的日出和日落成一线的位置。史前巨石阵可能是当地部落聚集并举办宗教仪式的中心。

卢浮宫在哪里?

卢浮宫是法国的国家博物馆。它位于巴黎市中心,最初是一个宫殿,自16世纪初起由法国国王用来收藏艺术品。卢浮宫于1793年法国大革命后第一次向公众开放。卢浮宫的现代特征便是在宫廷中央用钢和玻璃建成的金字塔形入口,该建筑由美籍华人建筑师贝聿铭设计。现在,卢浮宫收藏着世界上最精美的绘画和艺术作品。

表演艺术

表演艺术包括舞蹈家、音乐家、歌唱家、演员甚至是木偶等的表演。尽管艺术形式各异，但这些表演者都拥有很多观众和听众，不论是喜剧、悲剧还是二者兼而有之，观众或听众们都会沉醉于演出带给人的情感体验。

哪个国家的芭蕾舞最著名？

俄国，那里诞生了很多杰出的舞蹈家，其中包括瓦斯拉夫·尼金斯基、鲁道夫·努里耶夫和安娜·巴甫洛娃，那里还拥有世界著名的芭蕾舞团，在世界各地进行演出。然而，芭蕾舞并非起源于俄国。17世纪初，芭蕾舞在法国第一次作为一种艺术形式

经典芭蕾舞中使用双脚向外打开和足尖站立的舞步，芭蕾舞演员必须具有匀称的身材和结实的肌肉。

被确立下来，而正是在那个时候设计出芭蕾舞中的五个基本姿势。著名的芭蕾舞剧包括《吉塞尔》、《天鹅湖》和《睡美人》等。

木偶表演有多久的历史？

木偶表演是最早的娱乐表演形式之一，几个世纪以来，牵线木偶一直深受人们的欢迎。英国海边胜地的传统娱乐项目之一便是木偶戏表演——表演者藏在后面的小房间内仅仅利用双手和声音进行表演。其他形式的木偶表演也作为电视节目而走红，而某些电脑生成的形象几乎活灵活现。

最先去剧院的是什么人？

第一批去剧院的是古希腊人，会有数以百计的希腊人聚在一起坐在山坡上观看悲剧和喜剧。希腊剧场多为碗状场所，环绕圆形舞台的是

希腊人坐在露天剧场观看戏剧（悲剧或喜剧）。悲剧是一种严肃的戏剧，包括悲伤的结局、不幸的爱情以及犯罪或灾难等，而喜剧是一种幽默的戏剧。

器乐演奏者所在的区域。罗马人建造的石头剧院则能够容纳4万人一同观看喧闹的喜剧。世界上最著名的戏剧作家是英国的威廉·莎士比亚（1564-1616），他的戏剧在世界各地的舞台上盛演不衰，而他在伦敦的"环球剧院"现在也已得到修复。

最著名的无声喜剧演员是谁？

查理·卓别林（1889-1977）是最著名的电影明星之一，也是最早的电影明星之一。卓别林最早在伦敦音乐厅的舞台上作为喜剧演员拜师学艺，然后他到了美国，出演了《大独裁者》、《摩登时代》等影片，因滑稽表演而名声大震。他在喜剧上的成功使他成为无声电影的代名词。

🔻查理·卓别林穿宽松裤、戴圆顶硬礼帽、手拿拐杖的"小鬼"角色已世界闻名。

什么是狂欢节？

狂欢节最初是一个宗教节日，在基督教大斋节的禁食期开始前庆祝。现代狂欢节的主要内容则是大型户外演出和游行，少不了舞者、特意装扮的游行花车、表演人员以及行进中演出的乐队的加入。著名的狂欢节在巴西、美国和英国都有举行。

第一个马戏团出现于何时？

在古罗马，马戏团被叫做"stadium"，这个英文单词现在有"露天大型运动场"的含义。18世纪70年代，菲利普·艾斯特雷在英国第一次上演了马戏表演，19世纪初，周游各地演出的马戏团开始深受人们欢迎。一个马戏团中通常有马、野生动物、杂技演员和小丑等。最著名的马戏团当数林林兄弟马戏团和巴纳姆贝里马戏团（这个马戏团是两家马戏团合并而来的，拥有当时最大的马戏蓬）。

🔻现代的马戏团小丑是从古希腊和古罗马喜剧中的小丑发展而来的，有时他们会向台下的观众扔坚果等物品。

电视和电影

电影因暗箱和幻灯片的发明成为可能，其中幻灯片可将图像投影到银幕上。到20世纪30年代，有成百万的人每周都去看电影，到了20世纪50年代，电视机的出现使人们足不出户就能观看电视节目。今天，DVD（多功能激光视盘）则为我们提供了当初人们无法想象的家庭娱乐。

电影是如何发展而来的？

电影于20世纪初发展而来，第一部重要的电影是1915年D.W. 格里菲斯的史诗巨片《一个国家的诞生》。早期的电影是无声的，对白都以文字投射到银幕上，通常情况下，钢琴家会在电影中演奏适合情景的背景音乐。20世纪20年代末开始出现有声电影。

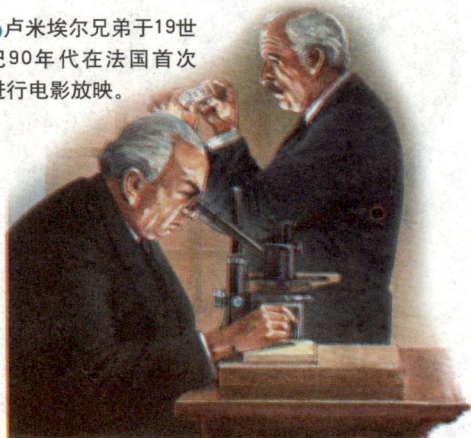
❶卢米埃尔兄弟于19世纪90年代在法国首次进行电影放映。

❶约翰·洛吉·贝尔德是电视的先驱。

人们首次观看电视是何时？

第一个电视画面于1924年由约翰·洛吉·贝尔德制作而成。然而，进入电视时代后，最初只有很少的人家拥有电视机，而且电视画面也是黑白的。今天，卫星和光缆能在全世界范围内提供数百个频道，人们可以连续不间断地观看电视节目。

❶现代电视摄像机可以在任何情况下工作，而且电视已成为现在最重要的信息和家庭娱乐媒介。

世界电影业的中心在哪儿？

尽管电影是法国人发明的（这主要归功于卢米埃尔兄弟），国际电影产业却是在美国诞生的。电影制片人们发现阳光灿烂的加州是拍摄电影的

理想场所，于是到20世纪20年代，好莱坞就成为"电影之都"。好莱坞内有众多摄影棚，里面满是特技师、剧作家、化妆师、服装设计师、背景建造师、制片人和导演。

拍板是做什么用的？

拍板是电影或电视摄影棚内用来标注一个镜头开始或结束的工具。电影通常都不是按照故事的发展顺序拍摄的，导演、编剧、摄影人员和演员常以最合时宜的顺序进行拍摄，如可能是依明星档期安排和天气适宜程度决定的。一段完整情景的拍摄事先可能需要拍多个镜头，最后，所有的镜头经过剪辑连接到一起，必要时还要裁减掉某些镜头以形成最终的电影。

制片人和导演有何区别？

在电影业中，制片人筹集制作新电影所需的资金并组织财务，而导演则负责电影的拍摄。导演会告诉剧组如何放置摄像机，并指导演员按照剧本的要求进行表演。然而，就电视而言，制片人可能同时扮演导演的角色，即由拍摄连续剧或电视节目的电视公司出资。

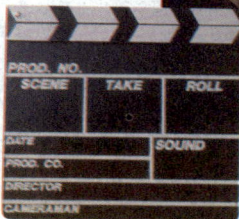

每个镜头的详细信息都填写在拍板上，开拍前会将它举到摄影机前。

《黑客帝国》（美国，2000）等电影中使用的特效可刺激观众的眼球，并制作出高难度、看似危险甚至不可能的场面。

101

文学

最早的文学是口头（说或唱）而非纸面的。最古老的手工印制的书可追溯至9世纪初，然而直到19世纪初蒸汽动力印刷机的发明才使书籍可以廉价购买到。20世纪30年代起开始出版平装书。最常被提到的作家是威廉·莎士比亚，而今天阅读最广泛的儿童读物是英国作家J.K.罗琳所写的《哈里·波特》。

什么是彩色稿本？

手抄本既可以采用手工印刷，也可以由修道士抄写——他们用漂亮的彩色图案装饰书页，而且通常会用花体字母开始一页的书写。15世纪40年代才开始使用活版印刷术，而在这之前，大部分的图书复制都是由欧洲的修道士完成的。今天，古老的彩色稿本，例如《凯尔经》和《霍利岛福音》都是无价之宝。

中世纪彩稿需要花费很长时间才能完成，这是因为彩稿都是手抄的而且抄写时必须加倍小心。

《巴斯克维尔家的猎犬》一篇中提到的达特穆尔高原传说中的地狱之犬。

哪位著名的小说家公开表演他的作品？

查尔斯·狄更斯（1812-1870）。他是位极有天赋的业余演员，会在公共场合表演他的畅销小说中的情景。狄更斯被誉为英国最伟大的小说家之一，接连撰写出很多代表作，其中包括《尼古拉斯·尼克贝》、《大卫·科波菲尔》以及《远大前程》。

狄更斯幼年时历经磨难，这让他永难忘怀，即使成为成功的作家后仍如此。

小说中最著名的侦探是谁？

夏洛克·福尔摩斯，这是由英国作家柯南道尔（1859-1930）创作的嘴叼烟斗的名侦探。福尔摩斯和他的朋友华生医生破解了包括众多抢劫和

①在刘易斯虚构的故事中，艾丽斯在一次癫狂茶餐会上遇到了帽商、三月兔和睡鼠。

谋杀案在内的谜案。他最终在与劲敌（犯罪天才莫里亚蒂教授）的最后对决中被"杀害"，然而在广大读者的强烈要求下又"复活"了。

刘易斯·卡洛尔最著名的是哪部作品?

《艾丽斯漫游奇境记》。刘易斯·卡洛尔（1832-1898）外表羞涩，但是这位英国牛津大学的数学家却有着丰富的想象力并陶醉在文字创作中。他喜欢给朋友的孩子讲故事，并写出了两部经典的童话作品：《艾丽斯漫游奇境记》（1865）和《艾丽斯魔镜之旅》（1872）。

哪个小女孩在战争期间坚持写日记?

安妮·弗兰克，这个德国小女孩生活在躲藏和恐惧之中，她所写的日记被视为那些在第二次世界大战期间被屠杀的人们的感人独白。

安妮的全家都是犹太人，要逃出德国以躲避纳粹的迫害，于是举家搬迁到荷兰，然而1940年德国侵占荷兰后，他们再次陷入险境。安妮和她的妹妹、父母以及4个朋友藏在一座办公楼后的附属楼内。她每天都写日记，记录自己的想法，然而在1944年，她的全家及朋友们还是都被发现并被抓捕。

英国最著名的文学姐妹是谁?

勃朗特三姐妹，她们在约克郡的霍沃思村长大，和兄弟及身为牧师的父亲生活在一起。三姐妹都成为小说家，但起初他们是以男性笔名发表作品的。夏洛特·勃朗特（1816-1855）写了有关家庭女教师的《简·爱》；艾米丽·勃朗特（1818-1848）的《呼啸山庄》写了一段热情似火的罗曼史；最小的妹妹安娜（1820-1849）则是《王德弗尔大厅的房客》的作者。

➡勃朗特三姐妹。从左到右分别为：安娜、艾米丽和夏洛特。

神话传说

神话是有关上帝、神奇人物和世界起源等的故事，传说则是有关英雄、怪兽和历险等的故事。神话传说虽然多系虚构，但通常却是建立在真实事件的基础之上。这样的故事有些年代非常悠久，现在仍在世界各地广为传播。

是谁藏在木马内？

希腊战士。木马的故事出自希腊诗人荷马所作的长篇史诗《伊利亚特》，故事讲述的是希腊人和特洛伊人因希腊国王的妻子海伦被特洛伊王子诱拐而交战的故事。特洛伊被围困10年，直到希腊人实施计策才被攻下。希腊人建造了一个巨型木马，在木马内暗藏了战士，然后将木马留在特洛伊城外。不知情的特洛伊人将木马拖进城内，夜里，希腊战士爬出木马，打开城门，带领希腊军队攻入了城内。

罗穆卢斯和瑞摩斯为何许人？

罗马传说讲述了罗穆卢斯和瑞摩斯两个双胞胎兄弟——他们于公元前753年建立罗马——的故事。婴儿

🔼 据传说，罗穆卢斯和瑞摩斯曾由一只母狼哺育过。

时，兄弟俩被邪恶的叔父投入台伯河，幸好被一只母狼所救，后来，一个牧羊人将他们抚养长大。瑞摩斯后来被杀害，然而罗穆卢斯成为罗马第一位国王。罗马人喜欢传说演绎的历史，但事实上，罗马城是由坐落在七座山上的几个小村庄发展而来的。

是谁在讲述世界毁灭的故事？

欧洲的斯堪的纳维亚人。据挪威神话所说，诸神、巨人和怪兽之间开战导致了世界末日的来临。诸神领

🔼 诸神的敌人乘坐载有可怕毒蛇的船只奔赴终结世界的最后战役。

袖——独眼欧丁神带领他的战士们从英烈祠（欧丁神接受阵亡英雄灵魂的殿堂）出发对阵邪恶之敌。在这场相互屠杀中，所有人都未能幸免，诸神居所仙宫也被大火摧毁。然而从"上帝的曙光"中诞生了一个新的世界，有两个在乾坤树的树枝间藏身的人爬了出来，重新开始了生命的轮回。

🔼 伊阿宋
和他所带领的亚尔古英雄们在航行中遇到的其中一个危险便是撞岩，所谓撞岩是像自动门一样开开合合挡着黑海入口的岩石，它可以摧毁从中间穿行的任何事物。

谁是亚尔古英雄的领袖？

亚尔古英雄是由来自希腊的50名海员和英雄组成的队伍，他们由国王埃宋的儿子伊阿宋领导。伊阿宋率部开动阿尔戈号船去寻找神话中所说的金羊毛——一只金羊的皮毛悬挂在树上，一只可怕的巨龙守在旁边。亚尔古英雄们历经千难万险，最终在巫婆美狄亚的帮助下才到达目的地。他们打败了巨龙，带着金羊毛胜利而归。亚尔古英雄的历险故事建立在希腊海员讲述的探索地中海和黑海的故事的基础之上。

罗摩是谁？

罗摩是印度的国教印度教中的一个神。他是史诗《罗摩传》中的英雄，该史诗于2 300年前用梵语（一种古印度语言，常用来撰写经文）写成。史诗讲述的是罗摩王子如何房获悉达的芳心并娶她为妻，后来又如何在兄弟拉克司马那和一群猴子的帮助下从绑架爱妻的魔王拉伐那手中救回妻子的故事。

🔽 印度教认为英雄罗摩是守护神毗瑟挐的十个"人形"（下凡为人）之一。

文化历史

文化是指拥有相同习俗、信仰、科技和观念的一群人的生活方式。说同一种语言的人可能拥有相同的文化，然而并非都这样，例如有着不同文化背景的人可能都在说英语。每一个社会都有其独特的文化，纵观历史，不同文化间一直在相互借鉴，不同观念间一直在沟通、碰撞和共同发展。

何时发明了文字？

最早的文字发现于5 000多年前苏美尔的乌鲁克城的废墟上，这种文字是用尖头工具在柔软的黏土上刻成的。闪族人采用象形文字（描摹物体的图画）书写。古代中国人也发明了一种符号象形文字，到18世纪初，已出现4万多个汉字。

西非铜雕像是怎么制作的？

西非尼日利亚的诺克人在2 500多年前就创造出极为精致的赤土陶像。诺克族人和贝宁（也位于西非）的铸造师采用名为"熔模"的铸造工具铸造铜像。在雕刻过程中，首先要制作一个蜡质模型，然后用软黏土或湿石膏将其包住，黏土或石膏硬化后就会在蜡质模型外形成另一个模型。随后，将蜡质模型熔化并使之从一个小洞中流出，于是便留下一个空壳。在空壳内注入熔化的铜，待铜冷却定型后，去掉外面的黏土或石膏模型露出来的便是铜像了。

❶西非的铜制头像。在西非，手艺人出于旅游贸易的目的现在仍在制作传统的物品。

圣诞老人叫什么名字？

圣尼古拉斯。他是5世纪时的一位主教，有关他的经历很少有人知晓，唯一知道的可能就是他生活在小亚细亚地区（今天的土耳其）。而有关圣尼古拉斯的传说和他的奇闻轶事则

❶最常听到的传说中讲到，圣诞老人是乘坐驯鹿拉的雪橇到来的。

广泛传播，他已成为广受欢迎的圣人和俄罗斯的守护神。在荷兰语中，尼古拉斯（Nicholas）被写做"Sinter Claes"，当荷兰人移民到美国后就将"Sinter Claes"改写为"SantaClaus"（意为圣诞老人）。在德语中，尼古拉斯又被称为"Father January"或"Father Christmas"（二者都意为圣诞老人）。

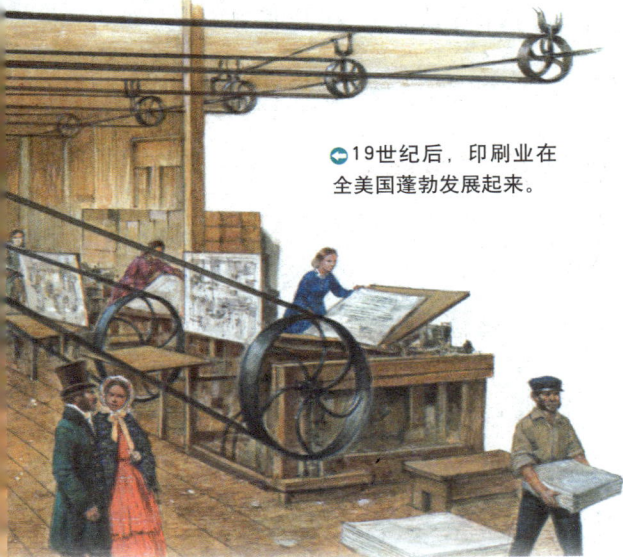
◎19世纪后，印刷业在全美国蓬勃发展起来。

印刷如何使文化发生革命?

　　15世纪40年代，约翰尼斯·古登堡发明了活字印刷术。印刷术的发明使图书变得廉价，与此同时还带来了拼写和标点的规范化。图书以各国语言（日常用语）进行印刷，例如采用英语、法语、德语而非只用拉丁语印刷，小说、杂志和报纸甚至信件订购的目录全都采用机械印刷。于是，知识得到更广泛的传播，人人都有机会获得知识。

什么是口述文化?

　　口述文化即通过语言而非文字进行传承的文化。例如，凯尔特人在罗马人占有英国前就是通过口口相传来传承它的历史、民间故事和宗教信仰的，因为凯尔特人有自己的语言，但没有发明文字。口头文化存在于世界很多地方，而且很多世界著名的史诗故事就是口头讲述的，如荷马的《伊利亚特》和《奥德赛》便由希腊人一代一代口头传承，直到后来才被付诸文字。

↑凯尔特游吟诗人在为国王吟唱，他们在传播历史的同时还创作出当时涌现的英雄人物的故事。

水上和雪上运动

冰雪运动起源于冰雪很常见的陆地，如在斯堪的纳维亚滑雪、在荷兰冰冻的运河上滑冰以及在阿尔卑斯山上滑雪橇。尽管古代希腊人、罗马人和波利尼西亚人以游泳和航海为乐，但有组织的水上运动直到19世纪才发展起来。今天，冰雪运动和水上运动都已被列入奥运会的比赛项目。

式、自由式和蝶式）中，以自由式最快，其次是蝶式。在游泳比赛中，有些比赛规定使用自由式，然而所有顶尖游泳选手其实也都一定会选择自由式。19世纪游泳选手最广泛使用的游泳姿势是蛙式和侧式，1952年，蝶式才得到官方认可并在比赛中允许使用。

❶冲浪板的侧面或切面决定了如何冲浪。

谁是站在冲浪板上的第一人？

太平洋波利尼西亚岛上的居民是享受冲浪运动的第一批人。最早有关人类冲浪的记录是在1779年的夏威夷，夏威夷人使用5米多长的滑板。1962年，澳大利亚举办了首届世界冲浪锦标赛。

最快的游泳姿势是哪种？

游泳比赛的4种姿势（蛙式、仰

什么是"三体船"？

"三体船"即有3个船体的帆船。三体船和双体船是由太平洋上的浮体独木舟发展而来的，在第一次游艇比赛中，三体船的外表可能使对方选手感

❶三体船中间的船体上有桅杆和全体船员所在的船舱，其他两个船体用于船只在高速行驶时加强稳定性。

❶所有的游泳姿势都要求手臂和腿部的肌肉发挥力量。图中的游泳选手采用的是蝶式。

到震惊，这场比赛是1661年在英国国王查理二世和弟弟约克公爵詹姆士之间展开的。最早的游艇是由荷兰的帆船发展而来的。

第一次使用雪橇是在何时？

在斯堪的纳维亚发现了4 000多年前使用的古老雪橇，那时人们制造木质雪橇在漫长而多雪的冬季四处活动。1843年，在挪威举办了第一场滑雪比赛。现代雪橇由塑料、金属或玻璃纤维制成，但是最基本的制作原则从未改变，滑雪橇的新手必须学习如何启动、转弯和停止。全速行驶时，下坡中的滑雪者最高时速可达240千米。

⬆滑雪者手持长长的滑雪杖以便滑雪时掌控方向。

皮艇和划艇的区别是什么？

皮艇用的是两头带桨叶的桨，而划艇用的是一头带桨叶的桨。现代的皮艇运动起源于北美的爱斯基摩人和其他本地人用来运输东西的小船，而划艇起源于美洲印第安人使用的独木舟。从1936年起，皮划艇运动开始列为奥运会正式比赛项目。现代的皮划艇较之以前的小船和独木舟，无论在材质还是构造方面都有了很大的改进。

第一位滑水的人是谁？

第一位进行滑水运动的是一位叫拉尔夫·萨缪尔森的美国人。他于1925年在明尼苏达州尝试着借助汽船的牵引利用滑水板在水面上"行走"，此后这项运动开始在欧美等发达国家迅速普及开来。20世纪40年代，成立了滑水运动的国际组织——国际滑水联盟，并开始举办国际性滑水比赛。

⬆滑水者能以160千米／小时以上的速度在水面上滑行并做出一系列动作。

球类运动

人类大概于几千年前开始进行球类运动。中世纪时，人们使用膨胀的猪的膀胱做球，而孩子们使用弯曲的棍子做最初的板球和高尔夫球的球杆。19世纪时，学校和学院开始组织球类运动作为正规教育的一部分，从而导致今天世界上职业球类运动的蓬勃发展。

❶棒球运动的接球手身穿防护衣以抵挡球的冲击力。

哪项团体运动吸引着最多的观众？

世界上最受观众喜爱的运动是足球，各大洲都有人在踢足球和观看足球比赛。足球运动历史悠久，然而直到19世纪才以规则、联盟和职业球队使足球运动井然有序。国际组织国际足球联合会于1904年成立。每4年举行一次的足球世界杯是最大的国际足球赛事。

➡足球运动其实也是一种盈利的娱乐项目，尤其在欧洲和南美更是如此。

棒球手投球的速度有多快？

棒球手投球（球的重量为148克）的速度高达160千米/小时。改为现代规则的棒球比赛于1846年首次在美国的新泽西举行，然而类似的多回合比赛很早以前就在英国举办。职业棒球协会于1871年建立，而国家棒球联盟于1876年建立。美国两大联赛的胜利者——国家冠军和全美冠军每年都会在世界七大棒球赛中相会。

哪个英国国王曾是专业网球手？

以打网球而闻名的君主是英国的亨利八世，他年轻时是宫廷内举办的皇室网球比赛的专业球手。该运动后来传到宫廷之外，于是19世纪初"草地网球"的规则起草出来。第1届温布尔登锦标赛——最古老的"大满贯"——于1877年举办。温布尔登最成功的男子网球手为比约·博格（男单五连冠）和皮特·桑普拉斯（男单七连冠）。马丁娜·纳夫拉蒂洛娃于2003年赢得了她的第20个单打冠军，平了由比利-简·金保持的女子获胜纪录。

哪项比赛在铁丝网内进行？

美式橄榄球的比赛场地都用铁丝网围起来。这项运动于19世纪由大学的学生发展而来，是在足球和橄榄球基础上的创新。每队有11名球员，每支队伍为赢得超级碗杯而战。超级碗杯每年举行一次，参赛双方为两大联赛的冠军，两大联赛分别由国家橄榄球联盟和美国橄榄球联合会组织举办。

第1届高尔夫比赛在哪里举行？

第一次提到高尔夫是在1457年颁布的苏格兰法律中，该法律禁止这项运动。很早以前就有人做类似于高尔夫的运动，而最古老的高尔夫锦标赛是英国公开赛，于1860年首次举行。打高尔夫的目标是尽可能以很少的杆数将球推入球洞。

在哪项运动中，身高会有较大帮助？

篮球，因为个子高的球手更易将球投入篮筐得分。篮球运动于1891年在美国正式出现，最初它是一项室内的冬季团体项目。每队有5名球手上场，每队尽力将球投入对方篮筐得分。球手不得带球跑动，而且传球也有时间限制。

ⓘ 篮球必须从篮筐上方穿过篮筐或从篮板上弹入篮筐才能得分。

田径运动

首次严肃对待跑步并开展比赛的是古希腊人。田径运动正式开始于19世纪，在欧洲和北美的学校或学院内进行。田径运动在奥林匹克运动会上占有很大的分量，定期还有世界和地区性的锦标赛。径赛和某些田赛也可以在室内进行。

赛跑选手可以跑多快？

男赛跑选手可在大约9.8秒内跑完100米直道——时速刚刚过40千米。这个速度不及马（56千米/小时）或灰狗（67千米/小时）的奔跑速度，但比游泳选手（8千米/小时）

的速度快。百米赛跑是运动中距离最短的室外赛跑项目，距离最短的室内赛跑项目为60米短跑。

哪名跳远选手让世界都为之震惊？

美国的鲍勃·比蒙于1968年在墨西哥城举办的奥林匹克运动会上跳出了惊人的世界纪录。高海拔会导致空气稀薄（缺氧），这使比蒙8.9米的成绩更加惊人。比蒙打破了之前的世界纪录，之前还没有运动员能够逾越8.5米的距离。比蒙的纪录一直保持到1991年，在那一年迈克·鲍威尔（美国）将此世界纪录提高了5厘米。

共有多少种障碍赛跑？

在田径赛事中，共有3种赛跑要求选手跑步中跨越跨栏的障碍。距离最短的障碍赛为110米跨栏赛（女子

○赛跑选手冲过终点线时会将头部伸向前方，以便更清楚地显示出获胜者是谁。

○男子跨栏选手必须干净利索地跨过至少1米高的跨栏。

为100米），参赛选手一路要跨越很多跨栏，其中男子跨栏高107厘米，女子跨栏高84厘米。对男女选手而言，400米跨栏赛（赛道一圈为400米）中跨栏的高度都略低。在3 000米以上的障碍赛中，选手不仅要跨越木跨栏，还要从水沟上一跃而过。

什么是接力赛？

接力赛是一种团体运动，每队有4名参赛选手。每个队员手持接力棒跑步，而且接力棒必须在传接棒的区域交给下一名队员。径赛中最常

⬆在接力赛中，下一名队员在接到前一名队员传递的接力棒前就必须开始跑步。被计时的是接力棒而非运动员，接力棒由木头或金属制成，重约50克。

见的接力赛为男子和女子4×100m和4×400m比赛。在接力赛中，若掉了接力棒就意味着丧失参赛资格。

何为田赛？

田赛的赛事分投掷和跳跃两类。投掷分4种：标枪、铁饼、铅球和链球，而跳跃类运动则包括跳远、三级跳远、跳高以及撑杆跳。撑杆跳运动员要利用玻璃纤维质的撑杆从横竿上越过。

⬇三级跳远分三个阶段：一脚起跳、另一脚跨步以及双脚同时跃起。

⬆标枪运动员以极快的速度跑大约12大步，并加速至7米/秒以获得投掷的动力。标枪锋利的一头先接触地面的投掷才有效。标枪项目于1908年在奥运会上首次亮相。

1. 获得高度　　　　2. 获得动力　　　　　　3. 获得速度　　4. 双脚落在沙地上前尽可能向前运动

测试时间

● 1. 《第五交响曲》是哪位作曲家的著名作品？

● 2. 小提琴、大提琴和吉他属于哪类乐器？

● 3. 历史上最受欢迎的摇滚组合是哪个？

● 4. 谁被称为电视的先驱？

● 5. 哪位西班牙画家被认为是20世纪最成功的画家之一？

● 6. 在一个交响乐团中弦乐器位于哪个位置？

● 7. 图中的交响乐队在指挥面前呈什么形状分组排列？

钢琴历史

　　钢琴于1709年在意大利发明，由最早的键盘乐器翼琴和大键琴发展而来。钢琴激发了很多伟大作曲家的灵感，例如莫扎特、贝多芬和肖邦都因钢琴而创作出了他们最优美的乐曲。

⬆ 三角钢琴是最大和比较昂贵的钢琴。

歌者与风格

姓名	音乐风格
詹姆士·布朗（1933—）	灵歌
玛丽亚·卡拉斯（1923—1977）	歌剧
约翰尼·卡什（1932—2003）	乡村
埃拉·菲茨杰拉德（1918—1996）	爵士
黛博拉·哈瑞（1945—）	摇滚
埃尔维斯·普雷斯利（1935—1977）	摇滚
贝茜·史密斯（1894—1937）	布鲁斯
布兰妮·斯皮尔斯（1981—）	流行

● 8. 哪个国家的制瓷业代表着古代制瓷业的最高成就？

● 9. 《勃兰登堡协奏曲》是谁的代表作品？

● 10. 哪位设计师因出版《绅士和家具设计指南》一书而闻名？

● 11. 现代卢浮宫的设计者是谁？

● 12. 芭蕾舞第一次作为一种艺术形式被确立下来是在哪国？

● 13. 哪个歌剧院于1973年开放而且是由约翰·伍重设计的？

● 14. 毕加索开创的绘画风格叫什么？

● 15. 电影《大独裁者》和《摩登时代》的主演是谁？

● 16. 电影的拍摄通常是按照故事的发展顺序来进行的吗？

● 17. 第一部重要的电影是哪一部？

● 18. 《呼啸山庄》的作者是勃朗特三姐妹中的哪一位？

● 19. 网球四大满贯赛事中最古老的是哪个？

● 20. 哪位好莱坞导演被称为"悬疑大师"？

● 21. 谁创作出了福尔摩斯这一著名人物形象？

● 22. 最古老的高尔夫锦标赛是哪个？

● 23. 《远大前程》和《百万英镑》哪部是狄更斯的作品？

● 24. 《艾丽斯漫游奇境记》和《艾丽斯魔镜之旅》的作者是谁？

● 25. 在希腊神话中，伊洛斯是什么神？

● 26. 引发特洛伊战争的美女叫什么名字？

● 27. 希腊的爱与美女神是谁？

伟大的作曲家

姓名	年代	国籍	姓名	年代	国籍
约翰·巴赫	1685—1750	德国	约瑟夫·海顿	1732—1809	澳大利亚
路德维希·贝多芬	1770—1827	德国	弗朗兹·李斯特	1811—1886	匈牙利
赫克托·柏辽兹	1803—1869	法国	乌夫冈·莫扎特	1756—1791	奥地利
约翰尼斯·勃拉姆斯	1833—1897	德国	斯卡拉蒂	1660—1725	意大利
本杰明·布里顿	1913—1976	英国	弗朗兹·舒伯特	1797—1828	澳大利亚
弗雷德里克·肖邦	1841—1904	波兰	罗伯特·舒曼	1810—1856	德国
爱德华·埃尔加	1857—1934	英国	斯特拉文斯基	1882—1971	俄国
乔治·格什温	1898—1937	美国	柴可夫斯基	1840—1893	俄国
埃德瓦·格里格	1843—1907	挪威	朱森珀·威尔第	1813—1901	意大利
乔治·韩德尔	1685—1759	英国	理查德·瓦格纳	1818—1883	德国

28. 距离最短的室内赛跑项目是哪个？

29. 每届环法自行车赛要进行多少天？

30. 最常听到的传说中圣诞老人所乘坐的交通工具是什么？

31. 歌剧的首次上演是在哪个国家？

32. 足尖站立和双脚向外打开是哪种舞蹈的基本动作？

33. 艾丽斯在一次癫狂茶餐会上遇到了谁？

绘画大师

里奥纳多·达芬奇　1452—1519　意大利画家、雕刻家和建筑师。著名作品有《蒙娜丽莎》。

埃尔·葛雷柯　1541—1614　西班牙人，很多宗教场景画的画家。

伦布兰特·范·利津　1606—1669　荷兰肖像画大师。

J M W特纳　1775—1851　英国风景画家。

约翰·康斯泰伯　1776—1837　英国人，以风景画著称。

克劳德·莫奈　1840—1926　法国印象派画家，以画他的花园和多种风景而著称。

文森特·凡高　1853—1890　荷兰风景和肖像画家。

帕布罗·毕加索　1881—1973　西班牙画家，其艺术风格包括抽象立体派。

⊃伦布兰特的自画像。

34. 第一个唱片销量突破百万的独唱歌手是谁？

35. 足球世界杯多长时间举办一次？

36. 美国哪项运动中超级碗杯赛为锦标赛？

37. 第一位摇滚巨星是谁？

38. 户外400米赛跑中，运动员要在跑道上跑几圈？

39. 毕加索描绘20世纪30年代西班牙内战中受苦受难的人民的著名作品是什么？

40. 第1届世界冲浪锦标赛于哪一年举行？

41. 第一位发明活字印刷术的西方人是谁？

42. 现代马拉松比赛的全程是多少千米？

43. 冰球运动中每方场上最多有几名队员？

44. 最早的有声电影出现于什么时期？

45. 当今最具影响力的儿童读物是什么？

46. 最著名的汽车拉力赛是哪个？

47. 两部荷马史诗的名称是什么？

48. 最早的滑雪赛事在哪里举办？

49. 滑水者在水面上滑行的速度可达多少？

50. 获得温网冠军最多的运动员是哪位？

51. 标枪运动何时被正式列入现代奥运会比赛项目？

重要日期

1299 保龄球俱乐部在英国南安普敦出现。

1330 最早的有关曲棍球的文献和图片面世。

1544 台球最早被提到。

1657 已知最早的高尔夫比赛在苏格兰和英格兰之间举行。

1744 第一套板球规则成型。

1846 现代规则下的棒球运动正式举行。

19世纪60年代 首次打羽毛球。

1863 英国足球协会（简称FA）成立。

1865 昆斯伯里伯爵拳击规则确立。

1874 草地网球诞生。

1875 最早提到斯诺克。

1898 第1届国际越野赛举行。

灰狗赛跑是古代比赛（例如猎狗间进行的追赶野兔的比赛）的现代演绎。1919年第一次使用了机械兔子。

1. 贝多芬
2. 弦乐器
3. 甲壳虫乐队
4. 约翰·洛吉·贝尔德
5. 毕加索
6. 最前方
7. 弧形
8. 中国
9. 巴赫
10. 托马斯·齐本德尔
11. 贝聿铭
12. 法国
13. 悉尼歌剧院
14. 立体主义
15. 查理·卓别林
16. 一般不是
17. 《一个国家的诞生》

18. 艾米丽·勃朗特
19. 温布尔登锦标赛
20. 阿尔弗雷德·希区柯克
21. 柯南道尔
22. 英国公开赛
23. 《远大前程》
24. 刘易斯·卡洛尔
25. 爱神
26. 海伦
27. 阿芙罗狄蒂
28. 60米跑
29. 21天
30. 驯鹿拉的雪橇
31. 意大利
32. 芭蕾舞
33. 帽商、三月兔和睡鼠
34. 恩里科·卡鲁索

35. 4年
36. 橄榄球
37. 埃尔维斯·亚伦
38. 1圈
39. 《格尔尼卡》
40. 1962年
41. 约翰尼斯·古登堡
42. 42.195千米
43. 6名
44. 20世纪20年代末
45. 《哈里·波特》
46. 蒙特卡洛拉力赛
47. 《伊利亚特》和《奥德赛》
48. 挪威
49. 160千米/小时以上
50. 皮特·桑普拉斯
51. 1908年

知识小档案

➡ 20世纪初的高尔夫锦标赛中，选手击球时周围往往聚集着全神贯注观看的观众。高尔夫锦标赛最早于1860年在英国举行。

奥运史上的第一

纪录	日期	地点
第一届现代奥运会举行	1896	希腊雅典
女性选手第一次获得奖牌	1900	法国巴黎
第一个奥运村建立	1924	法国加穆尼克斯谷
第一个火炬点燃仪式举行	1936	德国柏林
马克·斯皮茨赢得7枚金牌	1972	德国慕尼黑
卡尔·刘易斯赢得8枚金牌	1984/1992	美国洛杉矶和西班牙巴塞罗那
举办赛事最多的奥运会	2000	澳大利亚悉尼

WORLD HISTORY

世界历史

　　日复一日、月复一月、年复一年，历史总在不停地变化，历史纪录也总在不断地更新。从史前时代进入21世纪，书写的文字一直是传递历史信息的最重要的方式之一，我们了解的古代帝国（例如罗马和巴比伦），很大一部分都是通过先人留给我们的文字获知的。

　　罗马人如何掌权？

　　是谁签署了《大宪章》？

　　美国为何要宣布独立？

　　……

古代人类

人类与灵长类动物（猴子和类人猿）有关，我们祖先便来自400百多万年前可以依靠两条腿直立行走的类人猿。随着类人猿的发展，其人类的特征逐渐增多，科学家是在研究发现的骨头和简单的石头工具中找到证据的。智人是我们最直接的祖先，他们于10万年前出现。

最早的人类骨架于何时被发现?

1974年，一具雌性南方古猿的近乎完整的骨架在埃塞俄比亚境内被发现，科学家将这个猿人称为"露西"。她的身高仅及现在的10岁小女孩，然而300万年前她去世时约有40岁。在坦桑尼亚发现的足迹化石也证明南方古猿像现代人一样可以直立行走。

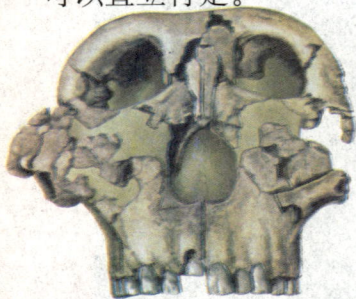

🔾 南方古猿的头骨。南方古猿属于类人猿，可以直立行走，因此可以空出双手以握住木棍或石头。

🔾 打磨石头时要把边角削尖以制成切割、刮擦和劈砍的工具。

人类何时开始制造工具?

200多万年前。东非发现的史前人类遗迹周围有打磨后边角锋利的小鹅卵石和岩石。最早使用工具的人被称为"直立人"，这是个拉丁语词，意为"手巧之人"，这些早期人类使用石器工具杀死动物并切开其肉和皮毛。

火如何改变人们的生活?

人们利用火驱赶猛兽、保暖和烤肉。最早使用火的是直立人，他们生活在50多万年前，可以熟练地制造工具。他们还学会了如何摩擦树枝或敲击燧石点火以及如何保留火种。没有火，人就无法在冰河世纪天寒地冻的环境中存活下来。

🔾 石器时代的人类生活在山洞中。他们利用火取暖和做饭，火焰还能照亮洞穴供艺术家在墙壁上作画。

人类如何捕猎猛犸象?

史前人类齐心协力一同捕猎猛犸

象等巨型动物——猛犸象是现代大象的有着巨大体型的近亲。一群猎人会将猛犸象向多沼泽地带、悬崖边或猎人事先设好的陷阱内驱赶以便更容易地杀死它们。猛犸象不仅能提供肉，还有脂肪、皮毛、象牙和骨头可以利用：皮毛可用来制作衣服取暖，象牙和骨头可制造工具和帐篷的支架。捕猎其他动物例如驯鹿也可以获得兽皮、骨头和鹿角。

什么是"冢"？

冢是古代的坟墓，通常由木头或石头建造，上面覆盖有土壤和草皮，地下是墓室。英国有多达4万个冢，大部分冢的一头要比另一头高，而且起源于石器世代。最大的冢有100多米长，青铜器时代后期和铁器时代的冢通常为圆形或圆锥形。建造冢的古人相信人死后仍需要有自己的

❶猎人利用火惊吓猛犸象，将其驱赶至陷阱后再使用带有石头尖的木矛杀死它。

物品，如在英国萨福克郡的萨顿，一位东盎格鲁的国王于公元7世纪初被安葬在冢下的一艘木船内——这个冢于1939年被考古学家挖掘出来。

⬎冢内的墓室里安放着死者的尸体和随葬物品，例如武器、衣物和珠宝。

古代帝国

埃及战车由两匹马拉动。战车上，一人驾驶，另一人拉弓射箭或者向着敌人投掷尖矛。

一旦人们开始农耕并在村庄生活，特定地区的人口就会逐渐增长，村庄会发展为城镇，而城镇又会发展为城市。狩猎队伍的领袖会成为村庄和城镇的酋长，而最强大的酋长又会变成国王，不仅统治自己的城镇，还包括其他定居的地方。这些统治者创造了世界上最初的帝国。

谁制定了第一部法典？

制定世界上第一部法典的国王是巴比伦的第六任统治者汉谟拉比，他生活在大约3500年前。他起草了一系列法典以统治他的公民——例如调节贸易和税收。汉谟拉比法典的制定是为了维护其统治秩序，帝国后来的统治者（例如亚述国的国王）也效仿他的法典。

什么是战车？

战车是两轮交通工具，由一或两匹马拉着前行。战车由木头制造而成，有两个巨大的轮子，可以快速行驶。埃及人和来自安纳托利亚(即今天的土耳其)的希泰族人曾驾驶战车交战。贵族还驾驶战车快速行驶在乡下以捕猎羚羊等动物。

巴比伦城位于何处？

巴比伦城是底格里斯河和幼发拉底河之间一座巨大的城市，而这两条河流所在的地区主要在今天的伊拉克。人类文明从河流附近发展起来，因为在肥沃的土地上，农民才可以生产产品与邻近地区的人们进行贸易。巴比伦两

尼布甲尼撒二世为巴比伦增添了新的建筑，例如图中的伊什塔尔门，其上面以蓝色的瓦片做装饰，并以伊什塔尔女神的名字命名。

个最伟大的国王分别是制定法律的汉谟拉比和征服者尼布甲尼撒二世，后者为爱妻建造了空中花园以慰其思念多山家乡之苦。空中花园成为世界七大奇迹之一。

最早的城镇什么样?

最早的城镇四面有城墙环绕，房子由泥砖建造而成。我们所知的最古老的两个城镇（都是由考古学家发现的）分别为以色列的耶利哥和土耳其南部的加泰土丘，1万多年前，人们就生活在这样的城镇里。现在这里都已是一片废墟，然而考古学家从中发现了陶器、纺织品和墙壁的碎片，其中墙壁上涂有灰泥并有绘画。

谁最早发明了文字?

最古老的文字可追溯至大约公元前3500年，起源于伊拉克的某个地区，那里在古代被称为苏美尔。闪族人在广阔的美索不达米亚平原上建立了众多城市，例如艾力都、乌鲁克和乌尔。他们用锋利的工具在泥板上书写，最初用图画符号，随后用音节符号书写。

🔵闪族人书写的工具可以写出楔形的记号，因此这种文字被叫做楔形文字。

🔵加泰土丘的房子没有冲外开的门，人们从屋顶上的洞进入自家房内——这个安全系统可以杜绝不速之客。

古埃及

古代埃及人生活在非洲的尼罗河畔。大约公元前3100年，一个名叫美尼斯的国王将上埃及和下埃及两个王国合并，建立了第一个王朝。后来，埃及国王被当做神来崇拜。埃及人是伟大的建筑师和艺术家，发展了一套令世人惊异的象形文字。埃及帝国持续了近3000年之久。

埃及人为何要建造金字塔？

金字塔是为保护去世国王的尸体和其宝物而建的坟墓。第一座金字塔是于公元前26世纪初为埃及国王佐瑟而建的，这座阶梯金字塔约有60米高，是由国王的太医设计的。后来人们又为国王建造了更大的金字塔，现在仍有80座金字塔屹立着。

图坦卡蒙是何许人？

图坦卡蒙是埃及的法老，公元前1351年去世的时候年仅18岁。他的陵墓建于"国王谷"（而非在金字塔内），里面藏有令世人惊异的宝物（与其他陵墓不同的是，没有盗墓者

❶法老图坦卡蒙的金面具是其陵墓中众多宝物之一，这件宝物尘封了3000多年。

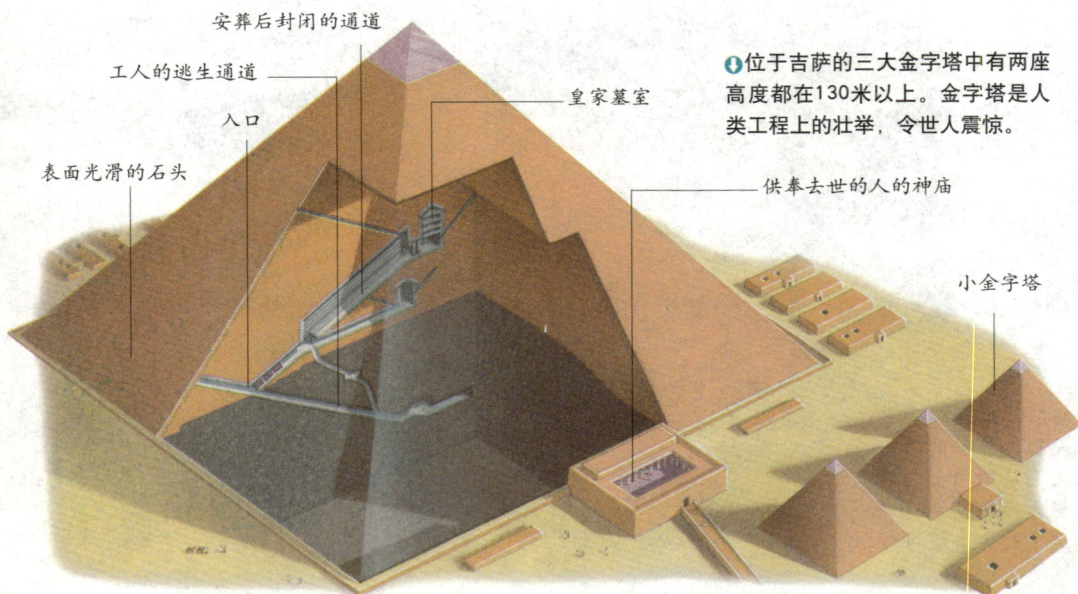

安葬后封闭的通道

工人的逃生通道

入口

表面光滑的石头

皇家墓室

❶位于吉萨的三大金字塔中有两座高度都在130米以上。金字塔是人类工程上的壮举，令世人震惊。

供奉去世的人的神庙

小金字塔

◑尼罗河是埃及的生命线，两岸靠近沙漠的地方是绿色的文明带。人们乘坐芦苇船沿着繁忙的河流上下穿梭。

来此盗墓）。法老图坦卡蒙的陵墓于1922年由霍华德·卡特带领的考古队开启。

为何尼罗河对埃及人如此重要？

尼罗河是非洲最长的河流，尼罗河水使生活在炎热干燥地区的埃及人民从事农业成为可能。由于山上的雪融化后会抬高水位，所以每年尼罗河洪水都会泛滥。洪水泛滥会形成肥沃的冲积平原，于是人们可以在上面种植大量的农作物并开凿了水渠将尼罗河水引入田地。埃及人还是世界上最早使用船只（当时的船被称为三桅小帆船）的人，他们乘船沿着尼罗河来往于临近的农场和城镇。

埃及人崇拜的是什么神？

埃及人崇拜很多神，他们崇拜自己所居住的城市或地区的地方神，最大的地方神是阿蒙——太阳神。埃及人崇拜的其他神还有猫神贝斯特、学识之神透特、丰饶之神和冥界之王奥西里斯、司生育和繁殖的女神伊希斯、天空之神霍鲁斯以及导引亡灵之神阿努比斯等。

谁是埃及最伟大的勇士国王？

拉美西斯二世，他于公元前1289～前1224年任埃及国王。拉美西斯带领埃及军队与好战的希泰族人不断作战，于1275年在卡叠什为争夺叙利亚的控制权而进行了一场大规模战役。拉美西斯在尼罗河畔的阿布辛拜尔修建了一座神庙，在这座岩石盖的神庙外矗立着伟大国王的巨大雕像。20世纪60年代由于阿斯旺水坝的修建，为使神庙免遭水淹，遂将其搬迁。

古代印度和中国

文明——主要包括城镇、农业、法律和繁盛的商业等——大约在同一时期于世界各地发展起来。除了埃及和美索不达米亚平原的大城市外，印度次大陆和中国也出现了其他文明。与其他早期文明相同的是，这些文明最初也都是在河流沿岸发展起来的。

印度文明何时繁盛起来？

于公元前2500年～前1500年之间。印度文明出现于印度河流域即今天的巴基斯坦地区。印度文明曾一度非常繁盛，但后来逐渐走向没落，洪水泛滥和外来入侵可能是主要原因所在。

摩亨佐达罗什么样？

摩亨佐达罗是古印度河流域两大城市之一。摩亨佐达罗的城市呈整齐的网格状分布，城市里有4万人生活在泥砖建造的房屋内。房屋内的浴室与城市的排水沟以及一个大型公共浴室相连，这个大型公共浴室可能是宗教仪式期间公众用于沐浴的场所。印度河流域另一个主要城市为哈拉帕。

人类最早于何时使用铁器？

约于公元前1500年，那时近东的希泰族人开始熔炼铁矿石（高温熔化含铁的矿石以提取出金属）。大约公元前7000年，希泰族人开始使用铜质工具。后来，人们又发明了青铜器（铜和锡的合金或混合物），然而铁器与之相比则更加坚硬、锋利和耐用。

摩亨佐达罗的房子都围绕中央的院子建造，墙壁由在窑中烘干的泥砖建成。所有的房子都有平坦的屋顶，街道笔直，交叉口都为直角，因而创造出一个网格状的街道体系，这与很多现代城市中的街道体系类似。

⬆中国的万里长城。

中国为何要修建万里长城？

　　是为了免遭外来入侵者的侵犯。中国缔造了伟大的文明，而此文明以商代文明（约公元前17世纪至公元前11世纪）为开端。第一个控制全中国的统治者是秦始皇。他建造的最伟大的工程便是万里长城，不仅将中亚草原上的外族阻隔在外，还可以将本国人民包围在内。

⬇中国古代规模宏大的的帆船船队。

中国帆船是怎样的？

　　中国帆船的帆是由席子编织而成的，操作非常简单。有些帆船上有5根或5根以上的桅杆，比任何西方船只都要大。为了控制方向，中国的水手在船尾使用舵——欧洲很久以后才知道舵。中国的船曾航行至阿拉伯半岛、东非和东南亚群岛，而且中国的探险家可能还在澳大利亚的北海岸登陆过。航海扩大了贸易，然而与15世纪末的欧洲探险家不同的是，中国人并没有在海外国家建立起永久的贸易港口。

古希腊

希腊文明由克里特人和迈锡尼人的早期文化发展而来，其中迈锡尼人是生活在今天希腊的一个民族。约到公元前800年时，希腊学者的思想开始在古代世界传播。古希腊被分割为小规模的自治城邦，其中最有权势的城邦为雅典和斯巴达。

🔹亚历山大大帝与他的坐骑布赛佛勒斯。他率领将士从希腊一直进军到印度，在短短9年的时间里就创建了一个广阔的帝国。

希腊最伟大的哲学家是谁？

苏格拉底、柏拉图和亚里士多德，在过去的2 400年里，他们的思想一直影响着人们。最早的是苏格拉底(前470－前399)，

🔹亚里士多德来自希腊北部，他的学说涉及科学、政治、艺术和宗教。

他讲授真理和美德的重要性，而他最后在敌人的胁迫下自杀身亡。他的朋友兼学生柏拉图（前427－前347）在雅典建立了一个学园。亚里士多德（前384－前322）是柏拉图学园的一个学生，后来他也建立了一个学园。

亚历山大为何如此伟大？

亚历山大建立了一个广阔的帝国，于公元前336年成为希腊北部马其顿的国王。他建立了众多城市，其中包括埃及的亚历山大。亚历山大精力旺盛，战败波斯人后又启程攻占印度，若不是筋疲力尽的战士祈求他返程，他甚至会横穿印度。亚历山大于公元前323年逝世，年仅32岁。

何为特洛伊战争？

特洛伊战争是一场持续10年的漫长战争，它的故事在

🔹希腊重装备步兵戴着有顶饰的头盔，手持长矛。

雅典娜的雕像高达12米多，由黄金和象牙雕刻而成

● 帕特农神庙于1687年在土耳其统治时期遭到严重破坏。神庙上曾有油漆过的图画和檐壁做装饰，墙体由美丽的白色大理石建造而成，是希腊建筑的杰出代表之一。

希腊诗人荷马的《伊利亚特》一诗中有讲述。公元前1600年到公元前1100年，希腊由迈锡尼人所统治，荷马的史诗中讲述了约1 200年前迈锡尼人是如何毁掉特洛伊这个位于小亚细亚地区的堡垒城市的。希腊军队佯装弃城返家，实际上，他们将一部分战士埋伏在木马内，而特洛伊人将木马拖入城内。希腊战士深夜爬出木马，为军队打开城门，从而赢得了战争的胜利。

什么是米诺斯文明？

大约公元前3000年到公元前1100年的希腊文明被称为米诺斯文明，这是以传说中名叫米诺斯的克里特国王的名字命名的。克里特岛克诺索斯皇宫的遗址显示出到公元前15世纪初毁灭(可能是地震所致)前那里曾存在过丰富多彩的文化。皇宫于1899年被英国考古学家阿瑟·埃文斯发现。

帕特农神庙里供奉什么神？

帕特农神庙是雅典最壮观的神庙。公元前5世纪初，雅典人建造了神庙和神殿以供奉卫城山上的诸神。帕特侬神庙有70多米长，大约18米高，里面供奉着一座雄伟的雅典娜女神神像。雅典娜是智慧女神，也是雅典的守护神。

古罗马

古 罗马帝国是历史上最大的帝国，到公元1世纪，罗马人的统治范围就已扩展至欧洲、北非和近东的广大地区。罗马人所到之处都会将他们的生活方式和政体带往那里，并将他们的食物和语言（拉丁语）引入他们占领的每一个国家。

罗马人如何掌权？

最初的罗马人是来自意大利中部的农民，他们通过与邻近地区的人作战逐步掌握了权力。他们发展了罗马城，建造了高大的建筑和神庙，并最终统治了整个罗马。征服希腊后，罗马人接受了很多希腊习俗和希腊人信仰的诸神。罗马最初为共和国，公元前27年时转变为帝国并由奥古斯都任皇帝。

罗马于何时建立？

传说罗马是由罗穆卢斯和瑞摩斯于公元前753年建立的。罗马人陶醉在故事的神奇中，然而实际上罗马是从台伯河附近七座山丘上的一群部落村庄发展而来的。罗马最初是由国王统治的，公元前509年最后一个国王被驱逐出国，罗马转变为共和国。罗马社会分为公民和非公民（或称奴隶）两大阶层，最繁重的工作都是由奴隶完成的。

罗马军队为何会如此强大？

罗马军队受过良好训练，比他们

被公开买卖的奴隶。奴隶可能会成为仆人、矿工、农场工人、艺术家甚至是教师。

盔甲
棍子挑着的行装
曲面盾牌
用于投掷的长矛
短剑

罗马战士手持长矛、剑和盾牌行军，其装备、工具和口粮都系在肩上扛的一根棍上。

面对的任何敌人都训练有素。最杰出的罗马部队是由大约5 000名步兵组成的军团，他们冲入战场时先投掷长矛，然后用盾牌护身用短刺刀搏杀。罗马士兵被训练到可以一整天行军、筑路修堡垒以及在河上游泳。罗马军官通常都是政治家。

⊃罗马庄园是一个大的种植农场，主人生活在主要的房屋内，而其农民和工人生活在农场内较小的房屋内。

什么是庄园？

罗马庄园是附有地产的乡间宅第，庄园内可以生产谷物、酒、肉、水果和蔬菜。有些庄园内建有高大的房屋，四周墙壁涂有油漆，还设有浴室和中央地下供暖设施。富有的罗马人为自己在乡下和海边建造了庄园作为度假的去处。

什么是"网人"？

"网人"是罗马角斗士的一种，角斗士即经过训练在圆形竞技场上搏斗的奴隶。罗马统治者为使公民得以消遣，为他们上演了奢侈的但通常很残忍的表演。角斗士间或角斗士与野兽间会展开搏斗。角斗士分很多种，其中的"网人"几乎不穿戴任何盔甲，其武器只是一张网和一杆三叉戟。

⇑角斗士在圆形竞技场内搏斗，那里聚集着数以千计的观众。手拿网的角斗士要尽力用网将对手缠住。

为什么说"条条道路通罗马"？

罗马公路由军队建造用以确保在帝国周围步行的军队能够快速行军，马或牛拉的货车可以快速将粮草运到目的地。罗马人是杰出的工程师，他们为修建一条新公路会进行极为细致的测量，从而确保他们修建的公路能将广阔帝国的各个部分都与罗马城连接在一起。他们还发明了混凝土，并利用它建造公路，因此罗马的公路经久耐用，很多公路今天依然能看到。

中世纪

中世纪即古代世界和现代世界之间的年代，其中古代世界以公元5世纪初罗马帝国的瓦解告终，而现代世界约于1500年拉开帷幕。这1000年的头几个世纪，欧洲和亚洲的大部分地区战争和征服不断，只有强大的国家才能有安全感。

ⓘ蒙古领袖成吉思汗（1162-1227）让敌军闻风丧胆，都害怕他的军队神不知鬼不觉就发动袭击。

成吉思汗为何许人?

历史上所有的征服者中，少有人能像13世纪的蒙古领袖成吉思汗一样令人闻风丧胆。成吉思汗的骑兵靠武力建立了一个广阔的帝国，该帝国从中国横跨亚洲，向西最远

到达了欧洲的多瑙河。他们破坏了城市，屠杀了数以千计的人，然而在他的统治下，贸易得到繁荣，所有的信仰都得到宽容。

什么是十字军东征?

为争夺圣城耶路撒冷控制权而爆发的战争。耶路撒冷被3个宗教即犹太教、基督教和伊斯兰教的信徒尊为圣城，当土耳其人阻挠基督教的清教徒前来耶路撒冷朝拜时，主教于1096年下令开始第一次十字军东征，全欧洲的国王、士兵甚至儿童都投入到了

ⓘ穆斯林和基督教战士在圣城交战。然而在圣城并不完全是战斗，每一方还都从对方学到很多生活方式等方面的东西。

十字军东征中。前后共发动了8次东征，然而十字军军队最终没能重获圣城的统治权。

诺曼底士兵于1066年在苏塞克斯郡的佩文塞登陆。马背上的骑士在黑斯廷斯战役中发挥了关键作用。

诺曼底人为何要入侵英国？

诺曼底公爵威廉于1066年在国王爱德华去世后率军到达英国，因为爱德华已许诺将王位传给他，然而英国人却选择了将军哈罗德·古德文森为国王。于是双方于同一年在黑斯廷斯附近交战。威廉获胜，成为英王，人称"征服者威廉"。说法语的诺曼底人从英国贵族手中夺走土地，建立城堡以保护他们的领地并预防任何叛乱。

是谁签署了大宪章？

英国国王约翰。大宪章是对约翰的统治倍感气愤的贵族要求享有的权利的清单。1215年，他们迫使约翰签署大宪章，并承诺对内服从他的统治。大宪章成为现代政府发展的一个里程碑。

英国国王约翰在泰晤士河畔的兰尼米德签署大宪章。

133

古代美洲

1.5万~2万年前，人类从亚洲穿过大陆桥后第一次到达美洲，然后将行踪逐渐扩大至整个美洲大陆。伟大的美洲文明位于今墨西哥四周和南美（主要在今天的秘鲁附近），其中人们在南美建造了众多城市。大部分美洲文明都于16世纪初期毁于欧洲人之手。

是谁修建了美洲的金字塔？

美洲中部的古人，包括特奥蒂瓦坎人和玛雅人。玛雅人约于公元200~900年处于他们最为强大的时期，他们建造了诸如蒂卡尔这样的城市和类似金字塔的巨大神庙。玛雅城中央有一座类似金字塔的高大神庙，神庙周围有特殊的场地，其中包括比赛的球场。玛雅人研究月亮、太阳和星星，创造了美洲最早的文字，并创立了20进制的数字体系。

印加帝国是怎样灭亡的？

1532年，西班牙的弗朗西斯科·皮萨罗率领军队征服了南美的印加人。当时西班牙人发现印加人正在进行一场内战，于是他们俘虏了印加皇帝阿塔瓦尔帕，并索要黄金和白银的巨额赎金。后来，西班牙人还是杀死了印加皇帝，成为横跨太平洋海岸大部分地区的印加帝国的主人。最后的印加人在山上的要塞坚持抵抗了许多年。

↑马丘比丘是印加人在秘鲁最后一个山地据点。直到1911年被美国考古学家发现后，马丘比丘才被外界所知。

↪古墨西哥人建造了很多不朽的伟大建筑，图中位于特奥蒂瓦坎城的神庙就是其中的代表。该城市约于公元500年左右处于鼎盛时期，当时城中约有20万名居民。

阿兹特克人的棍棒和长矛根本不是西班牙人的铁剑、战马和火枪的对手。

战士和探险家，于1519年登陆并最终征服了墨西哥。生活在那里的阿兹特克人相信考特斯是他们的羽蛇神回到了他们身边，因为他们的日历显示那是特殊的一年，因此他们前来迎接荷南·考特斯和他很小的一支军队。然而，他们很快就被西班牙人的枪炮和战马所震醒了，两年后，考特斯征服了墨西哥。

为什么某些美州土著人要用活人进行祭祀？

阿兹特克人和美洲中部的其他民族会杀人作祭品以祈求神的帮助。阿兹特克人崇拜太阳，认为它是"生命的赐予者"，他们相信如果不以活人做祭祀，他们的庄稼将无法丰收，于是他们将人的心脏和血液用做奉献给太阳神的食物。

阿兹特克人最钟爱的运动是什么？

阿兹特克人做一种与篮球极为类似的球类运动。玛雅人也如此。该球类运动在四周有墙环绕的场地内进行，球场可能有60米长，而且通常与神庙相邻。有些历史学家认为这种比赛的获胜者最终要被作为祭品献给神，因为他们是最优秀的。

什么人征服了墨西哥？

荷南·考特斯，他是一名西班牙

阿兹特克人所进行的球类运动的目的是使球从墙上悬挂的石圈通过。这种比赛节奏非常快，比赛期间球员通常都会受伤。

大发现时代（1400－1600年）

这是一个文艺复兴的时代，出现了新的观念、发现、艺术和宗教信仰。欧洲探险家横跨几大洋最终登陆美洲，还绕过非洲航行至印度和中国。艺术和科学总在发展，人们对待宗教的态度也随之发生变化。这个时代新的观念也改变了人们看待自己和世界的方式。

谁赢得了阿金库尔战役的胜利？

1415年，英国国王亨利五世赢得了这场战役的胜利。亨利率军穿过英吉利海峡，在阿金库尔打败了兵力数倍于己的法军。法国国王允许亨利娶自己的女儿为妻，成为王位的继承人。然而亨利于1422年

● 哥伦布和他的三艘船——"圣玛丽亚"号、"尼娜"号和"平塔"号。哥伦布说服了西班牙的费迪南德国王和伊丽莎白王后赞助他的航行。

便去世了，未能成为英法两国的国王。

哥伦布到达的是印度吗？

不是。1492年，意大利海员克利斯朵夫·哥伦布相信他已到达印度或中国，然而实际上他发现了"新大陆"。他的计划虽然是向西而非向东航行，不幸的是，他当时使用的地图并不准确，而且地图上从未提及美洲，因为当时欧洲的地理学家对美洲还一无所知。

哪位英国女王终身未嫁？

伊丽莎白一世，她于1588年成为

● 法国骑兵骑马向位于阿金库尔的小部英国军队进军，结果却遭到亨利五世的弓箭手的攻击。

年，他组建了一支号称"无敌舰队"的大型舰队入侵英国以推翻女王伊丽莎白一世的统治。西班牙军队在英国登陆，然而却遭到英国海军的顽强反击并被暴风雨驱赶向北。伟大的无敌舰队最终以失败告终。

是谁摧毁了英国的教会制？

国王亨利八世，他于1509~1547年在位。亨利与罗马主教在自己与第一任妻子（他结过6次婚）离婚的问题上发生争执。当时天主教堂正面临要求宗教改革的"改革者"的压力，为了顺利离婚，亨利宣布自己为英国教会的首领，并封闭了英国的天主教修道院，教会的土地被赐给国王的拥护者。即使如此，亨利仍保留着之前主教赐予自己的"信仰守护者"的称号。

❶伊丽莎白一世（1533–1603）以其名字命名了她所统治的时代。

英国统治者。她是国王亨利八世同其第二任妻子安娜·博林所生的女儿。女性统治者会按世人期待的那样嫁为人妻，因此很多国王和王子都前来求婚。尽管受到大臣希望其结婚并生育王位继承人的压力，伊丽莎白还是不肯与他人分享她的权力，因为一旦嫁给外来的王子，她就会被国民所冷落。于是，她终身未嫁。当1603年伊丽莎白女王去世时，她的外甥——苏格兰国王詹姆士六世（1566–1605）成为英国国王詹姆士一世。

是谁派舰队入侵英国？

西班牙国王菲利普，16世纪初时，他统治着欧洲最强大的国家西班牙。菲利普是天主教徒，也想让身为清教徒的英国人皈依天主教。1588

❶很多无敌舰队的船只都在漫长的归程中于苏格兰和爱尔兰附近失事。

革命时代（1600－1800年）

科学家使用新技术开发广阔的宇宙，他们的新观念也因印刷术的发明得到传播。自1700年起，世界迈入了革命时代，政治和经济上都发生了巨大变化。到1800年为止，法国已废除了国王，美国也获得了独立，而工业革命也就此拉开了序幕。

❶库克将科学家和艺术家带在身边以研究和记录太平洋沿岸的植物、动物和人。

库克航行至哪里？

詹姆士·库克（1728－1779）是一名英国航海家，他进行了3次大规模远航，曾到达太平洋。他在澳大利亚和新西兰的海岸边进行过探索，还到达了南极洲的边缘。库克后来被夏威夷的岛上居民杀害。

是何原因导致了英国内战的爆发？

英国内战是以国王查理一世和议会就皇权、宗教和税收的争论为导火索的。战争于1642年起一直持续到1651年，最终，议会军打败了保皇党军。1649年，查理一世被判处叛国罪并被处死。他的儿子力图重获王位，但于1651年战败。1660年，他最终复辟并成为国王查理二世。

❶在英国内战中，骑兵骑马行进，而步兵挥舞着长矛似的长枪。

伦敦于何时几乎被烧为灰烬？

1666年，城市内一座中世纪建筑起火，火势迅速蔓延，导致成千上万的房屋化为乌有。当时，伦敦没有正规的消防设施，因此人们除了逃跑对大火几乎束手无策。后来，人们试着在着火的房屋周围清理出隔火区，才使火势渐渐停止蔓延。

克莱夫是何许人？

罗伯特·克莱夫控制着英国的东印度公司，而该公司于18世纪初在印度与竞争对手法国发生冲突。自1600年起，英国、荷兰和法国三国的商人就争相控制亚洲和欧洲之间的贸易。克莱夫在与法国的冲突中获胜后，于是印度的莫卧儿国王丧失了对东印度公司的大部分权利。东印度公司直到1857年为止一直都统治着印度。

美国为何要宣布独立？

美洲殖民地的人民受够了要缴纳税款却在英国议会没有发言权的不公正待遇。1775年，英国和美洲殖民地之间开战。1776年，美国宣布独立，并成立了美利坚合众国。在法国的帮助下，美国于1783年在大陆军总司令乔治·华盛顿的领导下赢得了战争的最后胜利。

🔵在1757年的普拉西战役中，大象也作为坐骑参战。这场战役以克莱夫和其东印度公司的胜利告终。

➡图中身着绿色制服的山地男人是一名美国革命军的战士，正是他们夺取了英国在尚普兰湖的堡垒。

帝国和工业(1800-1900年)

工业革命只是19世纪初的几大变化之一，这是一个工厂、铁路和轮船的时代，欧洲和北美的城市都在快速扩大。欧洲的势力扩张至非洲并在那里建立了殖民地，快速成长的美国则成为世界舞台上一个年轻的巨人。在此期间，技术上也出现了惊人的进步。

什么是工业革命？

工业革命是18世纪中期开始于英国的巨大变革。人们开始搬迁至城镇并进入工厂工作，在工厂内有由水力或蒸汽带动的新式机器。到19世纪30年代为止，仍在使用蒸汽火车向码头运送原材料、煤和工业制成品。

拿破仑·波拿巴是何许人？

拿破仑（1769-1821）是法国军队的一名军官，他出生于科西嘉岛，是法国革命的拥护者，打了很多胜仗，然而却未能以强大的海军打败英国。1799年，他夺得法国的统治权，1804年成为法兰西帝国的皇帝。1812年，他率军入侵英国，

🔹英国维多利亚时期，很多人都从乡下搬迁进入工厂工作，并在工厂附近的房屋里居住。

滑铁卢战役中，英国军队正向法国人开火。

然而这场战役却带来了灾难性的后果，最终，他战败并在外流亡6年后去世。

滑铁卢战役有何标志性意义？

1815年6月18日，欧洲联军在滑铁卢（属比利时）彻底击溃拿破仑的军队。而此前一年，拿破仑放弃了法国的王位。他离开法国逃往厄尔巴岛，但是很快又返回法国，重整旗鼓准备最后一搏。在滑铁卢战役中，他被英国威灵顿公爵和普鲁士布吕歇元帅率领的联合军队击败。之后他被流放到大西洋中的圣赫勒拿岛。

哪场战争导致美国分裂？

因奴隶制度引发的美国内战（1861-1865）。北方联盟和1860年选举产生的总统亚伯拉罕·林肯反对奴隶制度，而南方联邦则想保留黑人奴隶在种植园中劳作的制度并试图从整个国家中分离出来。于是，一场残酷的内战便拉开了帷幕。战争最后以北方联盟的胜利告终，但战争结束5天后，林肯被暗杀。

联盟（北方）战士被称为"美国佬"（如图），而联邦（南方）战士则被称为"南军士兵"。

现代世界

20世纪见证了两次可怕的世界大战、一次导致数百万人失业的经济危机以及深受殖民统治压迫的国家为独立而进行的战争。这是一个以航天、影视、电脑、社会变革、平等权利以及全球化等为特征的世纪，大众文化传播到几乎每一个国家。

❶失业的男人从英格兰东北部的贾罗游行至伦敦，抗议大萧条期间的高失业率。

第一次世界大战为何被称为第一次现代战争?

第一次世界大战（1914–1918）中采用了新式武器，改变了战争的性质。这些武器（例如大炮、机关枪、带刺铁丝网、毒气和飞机）的使用意味着这场战争具有巨大的破坏力，也更加可怕。仅仅一场战役，例如索姆河战役（1916）就使100多万士兵丧生。

大萧条指什么?

大萧条是20世纪30年代给西方发达国家带来重创的一场经济危机。从1929年起，纽约股市崩盘，银行和

❶这枚巨大的大炮昵称为"大贝莎"，是使第一次世界大战比以往的战争更加可怕的武器之一。

金融机构倒闭，数百万人失业。危机使成千上万的家庭由于支付不起房租而流离失所，很多人的积蓄也一扫而光。恐慌随后在欧洲蔓延开来，工厂不断地解雇工人。直到1933年以后世界经济才渐渐复苏。

为什么要成立联合国？

联合国于1945建立，是为了解决第二次世界大战后可怕的全球争端。20世纪30年代，一个名叫国际联盟的机构没能阻止德国的阿道夫·希特勒而爆发了战争。1945年，50个国家的领导人和代表在美国旧金山举办的会议上起草了联合国宪章，宪章建立在中国、英国、美国和前苏联的提议的基础之上。

什么是冷战？

冷战即美国及其同盟和前苏联等社会主义阵营之间的猜疑和暗战。冷战开始于1945年第二次世界大战结束后，双方互不信任，每一方都力图开发杀伤力大的武器，例如氢弹。直到1991年苏联和"华约"组织解体后，美苏两大集团长达40多年的"冷战"才宣告结束。

◐冷战期间，两大阵营都大量储备导弹和核弹头，例如图中的美国"民兵"导弹。

◐1945年6月26日，50个国家在签署联合国宪章。不久后，波兰也签署了宪章，成为联合国的第51个成员国。

143

测试时间

● 1．两个最伟大的巴比伦国王中被称为征服者的是谁？

● 2．最早使用文字的是什么人？

● 3．谁制定了第一部法典？

● 4．青铜器是用哪两种金属混合炼成的？

● 5．埃及法老图坦卡蒙是否埋葬在金字塔内？

● 6．皮萨罗征服了哪个帝国？

● 7．哪个古代文明崇拜伊希斯、奥西里斯和霍鲁斯三位神？

知识小档案

关键日期

（所有的日期都是大约数，指示的是多少年之前）

400万　最早的已知原始人类出现。

200万　能人得到进化，能够制造工具。

150万　直立人（第一批能够完全直立行走的原始人类）得到进化。

50万　直立人学会使用火。

12万　穴居人出现。

10万　一种新的人类——智人得到进化。所有的现代人类都起源于这一种人类。

3.3万　穴居人灭绝。

1.3万　陶器首次制作出来。

1万　农业开始出现。

7000　第一件铜制工具制作出来。

5000　第一件青铜器工具制作出来。

3500　第一件铁器工具制作出来。

↑ "能人"意为心灵手巧的人。人类的这个时代之所以这么命名是因为他们具备了使用工具的能力。

144

8. 古代印度与摩亨佐达罗齐名的另一个大城市是哪个？

9. 亚历山大大帝去世时年仅多少岁？

10. 克里特文明可能毁灭于哪种自然灾害？

11. 成吉思汗是哪个民族的首领？

12. 罗马何时建立共和国？

13. 希腊人创建了什么样的政体？

14. 谁最先发明了混凝土？

15. 猿人"露西"的骨架是在哪里被发现的？

16. 哪位希腊哲学家在雅典建立了学园？

17. 雅典娜是什么神？

18. 下令建造空中花园的巴比伦国王是谁？

19. 屋大维首次成为罗马皇帝时的称号是什么？

20. 哪部英国文书成为现代政府发展的一个里程碑？

21. 图中率兵保卫并扩大了埃及帝国疆域的勇士国王是谁？

⬆ 头骨化石的发现使科学家能够命名人类进化的各个阶段。

能人　直立人　穴居人　智人

⬆ 燧石是制造工具的极佳材料，石器时代的人类便开始挖地10米采集燧石。

中国的发明

知识小档案

中国在科学技术方面涌现出众多发明，其中包括算盘、针灸、中国象棋、机械钟、眼镜、烟花、黑火药、热气球、风筝、磁罗盘、桨船、纸和纸币、瓷器和陶器、印刷术、地震仪、丝绸、雨伞、水车以及独轮手推车等。

中国人非常聪明，发明了用落下的水带动并通过其他轮子和轴连接到机器上去的辘轳——水车。

中国人发明了最早的机械钟，它于公元1090年建造于开封。

44. 哪项发明标志着工业革命的开始？

46. 大萧条发生于哪一年？

45. 拿破仑于哪一年称帝？

47. 图中规模宏大的帆船队来自哪个国家？

突火枪是一种火药发射装置，能够发射子弹。

针灸是今天医学中仍在使用的一种治疗方法，是用针刺入人体或动物的特殊穴位以治病。

在第一个地震监测仪中，发生地震一侧的那颗金属球会从缸顶部的龙嘴里落入青蛙的嘴里，即使震中距离较远也能测到。

答案

1. 尼布甲尼撒二世
2. 苏美尔人
3. 汉谟拉比
4. 铜和锡
5. 不是
6. 印加帝国
7. 埃及文明
8. 哈拉帕
9. 32岁
10. 地震
11. 蒙古
12. 公元前509年
13. 民主制
14. 古罗马人
15. 埃塞俄比亚
16. 柏拉图
17. 智慧女神
18. 尼布甲尼撒二世
19. 奥古斯都
20. 大宪章
21. 拉美西斯二世
22. 苏格拉底
23. 1666年
24. 公元前27年
25. 中华民族
26. 1600年
27. 8次
28. 多瑙河
29. 十字军东征
30. 1783年
31. 威灵顿公爵和布吕歇元帅
32. 20进制
33. 中国
34. 克里斯朵夫·哥伦布
35. 金字塔或金字形神塔
36. 无敌舰队
37. 约20万
38. 犹太教、基督教和伊斯兰教
39. 荷南·考特斯
40. 詹姆士一世
41. 詹姆士·库克船长
42. 1649年
43. 亨利五世
44. 蒸汽机
45. 1804年
46. 1929年
47. 中国

知识小档案

史实杂谈

* 古英国大部分地区都覆盖着茂密的森林，人们砍伐树木做燃料或建造房屋，致使大部分古代森林都遭到毁坏。

* 石器时代一个坟墓（即所称的冢）内安葬的人数最高可达50人。

* 1607年，圣诞节被正式确立为世界大多数基督教徒的节日。

* 凯尔特人以他们的外表为荣——他们刺有文身，头发如钉子般竖立，而且喜欢佩戴珠宝。

⬆ 打磨后的金属镜子，例如这面青铜镜，在玻璃镜子广泛使用前一直被人们使用。

⬆ 金属手镯和项圈男人和女人均可佩戴。

➡ 古英国人已开始制作陶罐，并在上面雕刻装饰性的图案。

148